工业 4.0

最后一次工业革命

王喜文　著

電子工業出版社
Publishing House of Electronics Industry
北京 • BEIJING

内 容 简 介

本书用通俗的语言介绍德国“工业 4.0”的背景、内涵、目标，以及最终用意——争夺国际标准主导权，全面揭开“工业 4.0”的背后秘密——抗衡美国和压制中国制造业，并描绘了未来“智能制造”的全景图。同时，结合国际、国内情况，分析我国面临“工业 4.0”的优势与劣势、机遇与挑战，从“制造”到“智造”的实现路径，并畅想中国版的“工业 4.0”。

本书可作为政府机关、科研机构、制造企业、金融投资机构在“工业 4.0”方面的参考用书。

图书在版编目（CIP）数据

工业 4.0：最后一次工业革命/王喜文著. —北京：电子工业出版社，2015.1
ISBN 978-7-121-25054-5

Ⅰ. ①工… Ⅱ. ①王… Ⅲ. ①产业革命－世界－通俗读物 Ⅳ. ①F419-49

中国版本图书馆 CIP 数据核字（2014）第 286320 号

责任编辑：李树林
印　　刷：三河市华成印务有限公司
装　　订：三河市华成印务有限公司
出版发行：电子工业出版社
　　　　　北京市海淀区万寿路 173 信箱　邮编　100036
开　　本：720×1 000　1/16　印张：10　字数：139.2 千字
版　　次：2015 年 1 月第 1 版
印　　次：2023 年 4 月第 7 次印刷
定　　价：59.00 元

凡所购买电子工业出版社图书有缺损问题，请向购买书店调换。若书店售缺，请与本社发行部联系，联系及邮购电话：（010）88254888，88258888。

质量投诉请发邮件至 zlts@phei.com.cn，盗版侵权举报请发邮件至 dbqq@phei.com.cn。

本书咨询和投稿联系方式：（010）88254463，lisl@phei.com.cn。

序

最近，习总书记在首届世界互联网大会的贺词中指出：当今时代，以信息技术为核心的新一轮科技革命正在孕育兴起，互联网日益成为创新驱动发展的先导力量。信息技术已在深刻影响和改变人类社会，而制造业正是其应用的重要领域。互联网技术的飞速发展，给传统制造业的发展方式带来颠覆性、革命性的影响。应用信息技术，能实时感知、采集、监控生产过程中产生的大量数据，促进生产过程的无缝衔接和企业间的协同制造，实现生产系统的智能分析和决策优化，使智能制造、网络制造、柔性制造成为生产方式变革的方向。从某种程度上讲，以制造业互联网化为代表的工业互联网化正成为大家关注的焦点，并应成为工业化和信息化两化融合的前沿和重点。

就产品而言，随着信息技术在制造业领域的广泛渗透，互联网技术、人工智能、数字化技术嵌入传统产品设计，使产品逐步成为互联网化的智能终端。例如，汽车将不仅仅是嵌入了电子产品的交通工具，在未来会成为网络产品——大型可移动的智能终端，具有全新的人机交互方式，通过互联网终端把汽车改造成为一个包含硬件、软件、内容和服务的体验工具。

从制造模式看，工厂的集中生产将向网络协同生产转变。信息技术使不同环节的企业间实现信息共享，能够在全球范围内迅速发现和动态调整合作对象，整合企业间的优势资源，在研发、制造、物流、服务等各产业链环节实现全球分散化生产。这也使得传统信息技术企业有机会更多地参与到制造业创新之中，而传统制造企业则向跨界融合企业转变。企业生产从传统的以产品制造为核心转而提供具有丰富内涵的产品和服务，直至为顾客提供整体解决方案，互联网企业与制造企业、生产企业与服务企业之间的边界日益模糊。

当前，发达国家在完成工业化的基础上进入了信息化阶段，而我国工业化尚未完成即赶上了信息化浪潮，这为打造中国经济升级版提供了难得的历史机遇。要牢牢抓住这一机遇，把握产业发展主导权，就必须充分吸收和借鉴先发国家的有益经验，为我所用。

作为老牌工业强国，德国在信息化浪潮下充满危机意识，也在努力探索信息技术在传统产业中的应用。在行业协会的推动下，德国政府将“工业 4.0”上升为国家战略，冀望通过充分利用信息通信技术和信息物理系统相结合的手段，推动制造业向智能化转型。

德国的“工业 4.0”国家战略为中国提供了很好的借鉴，中国产业界、学术界对此进行了深入研究。令人欣慰的是，九三学社社员王喜文也跻身其中，并将自己的成果以专著形式加以展现，就是摆在我们面前的《工业 4.0：最后一次工业革命》。

长期以来，九三学社充分发挥人才和智力优势，就事关经济社会发展的重大问题进行调研，向中共中央提出了多项政策建议，受到党和政府的高度重视。近年来，在加快工业转型发展和促进大数据、云计算、物联网等现代信息技术应用方面，九三学社先后提交了一系列极具价值的对策，对相关政策的研究制定和出台产生了重要的推动作用。

王喜文同志是九三学社中央科技委的委员，他长期从事工业信息化国别政策的研究，取得了丰硕的成果。在本书中，他通过对德国工业 4.0 战略的研究，以及对我国制造业优势与劣势、机遇与挑战的比较，提出了中国制造业从“工业 3.0”到“工业 4.0”的产业路线图。相信他的见解，能为中国的两化融合提供一些很好的思路，供决策者参考。

作为九三学社中央副主席，我为九三学社拥有这样的青年才俊深感欣慰。同时，也期待更多的九三学社社员，发挥专业特长，认真踏实研究，以著书建言的方式参政议政，为国家经济社会发展贡献自己的智慧和力量。

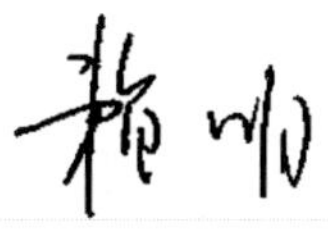

2014 年 12 月 5 日

前　言

从智能手机、智能手表到智能家居、智能电网，“智能”已经成为创新的代名词。工业领域为了适应新技术的高速发展，也冠以“智能”来描绘智能工厂和智能制造。于是，新一轮工业革命的呼声越来越高。美国学者杰里米·里夫金预言了“第三次工业革命”，德国政府则推出定义为“第四次工业革命”的“工业 4.0”。一时间，工业革命再次成为全球关注的最大焦点。那么，这场工业革命对我国是机遇还是挑战？我们准备好了吗？

作为制造业大国，德国 2013 年开始实施一项名为“工业 4.0”的国家战略，希望在“工业 4.0”中的各个环节应用互联网技术，将数字信息与物理现实社会之间的联系可视化，将生产工艺与管理流程全面融合。由此，实现智能工厂，并生产出智能产品。相对于传统制造工业，以智能工厂为代表的未来智能制造业是一种理想状态下的生产系统，能够智能判断产品属性、生产成本、生产时间、物流管理、安全性、信赖性以及可持续性等要素，从而为每位顾客进行最优化的产品定制。

“工业 4.0”在德国被认为是第四次工业革命，是德国政府《高技术战略 2020》中的一项战略，旨在支持工业领域新一代革命性技术的研发与创新，保持德国的国际竞争力。德国总理默克尔亲自不遗余力地推动“工业 4.0”，其实还有其背后的用意。

本书旨在剖析德国“工业 4.0”的本质、核心、关键、愿景、最终用意，揭示德国“工业 4.0”背后的秘密，并从信息哲学角度探讨工业软件、大数据、信息安全对制造业的影响，描绘未来制造业与信息产业的新关系。

我们通常把工业化时代称作原子的时代，把信息化时代称作比特的时代。工业革命以动力能源改变了世界的原子结构，信息革命则以计算机和互联网技术改变世界的比特结构，并重构出一个崭新的信息空间。原子代表物质，比特代表信息。智能工厂从供应商那里采购来原材料之后，添加上工艺流程信息，配送至生产制造车间，到产品出厂时打上标签，在售后服务时实现追踪溯源。这个过程将整个生产制造的全价值链环节进行信息化的汇总管理，其制造过程本身就是一直在处理信息。所以说，“工业 4.0”消除了“信息”与“原材料”本身的差别，使得制造业与信息产业二者同义化。也就是，制造业终将是信息产业的一部分。那么，“工业 4.0”也将是最后一次工业革命。

本书完稿于 2014 年 10 月，恰系我在中国浦东干部学院参加由中央统战部组织的“民主党派中青年干部培训班”期间。由于时间匆忙，其中难免有不当之处，还请读者指出并谅解！

王喜文

2014 年 11 月 10 日

目录

001　第一篇　带着疑问看德国“工业 4.0”

004　第一章　为何是 4.0？

008　第二章　“工业 3.0”与“工业 4.0”有哪些不同？

014　第三章　“工业 4.0”具体能实现什么？

021　第四章　“工业 4.0”能带来哪些改变？

027　第五章　“工业 4.0”能产生多大价值？

031　第二篇　“工业 4.0”的科学发展观

033　第六章　本质是基于“信息物理系统”实现“智能工厂”

044　第七章　核心是动态配置的生产方式

049　第八章　关键是信息技术应用

053　第九章　愿景是解决能源消费等社会问题

058　第十章　最终用意是标准化

067　第三篇　“工业 4.0”背后的秘密

069　第十一章　美、德的制造业回归现象

072　第十二章　以电子商务模式区分美、德制造业

076　第十三章　“工业 4.0”抗衡美国
079　第十四章　“工业 4.0”压制中国制造业

083　第四篇　中国版“工业 4.0”畅想

085　第十五章　中国制造业的优势与劣势
090　第十六章　中国制造业的机遇与挑战
101　第十七章　从“制造”到“智造”的升级
109　第十八章　中国制造业从“工业 3.0”到“工业 4.0”的产业路线图

127　第五篇　对未来制造业的探讨

129　第十九章　工业软件充斥整个制造业
132　第二十章　大数据驱动制造业迈向智能化
140　第二十一章　网络信息安全同样影响工厂
142　第二十二章　制造业将成为信息产业的一部分

第一篇　带着疑问看德国“工业 4.0”

第一章　为何是 4.0?

第二章　“工业 3.0”与“工业 4.0”有哪些不同?

第三章　“工业 4.0”具体能实现什么?

第四章　“工业 4.0”能带来哪些改变?

第五章　“工业 4.0”能产生多大价值?

2009 至 2012 年欧洲深陷债务危机，德国经济却一枝独秀，依然坚挺。德国经济增长的动力来自其基础产业——制造业所维持的国际竞争力。对于德国而言，制造业是传统的经济增长动力，制造业的发展是德国工业增长的不可或缺的因素，基于这一共识，德国政府倾力推动进一步的技术创新，其关键词是“工业 4.0”。

德国在 2010 年公布的《高科技战略 2020》中，提出了一系列促进制造业发展的创新政策。为使该战略得到具体落实，2012 年德国政府公布题为“十大未来项目”的跨政府部门的联合行动计划，并决定在 2012 至 2015 年间向十大项目资助 84 亿欧元。被称为“工业 4.0”的未来项目，与能源供给结构调整、可持续发展等项目同步公布。“工业 4.0”未来项目，主要通过深度应用信息技术，总体掌控从消费需求到生产制造的所有过程，由此实现高效生产管理。

毫无疑问，德国是全球制造业中最具竞争力的国家之一。在制造业技术方面的创新、研发和生产，以及在日益复杂的生产制造业务管理方面的流程化，使得德国制造业遥遥领先。德国在拥有强大的机械和装备制造业的基础上，凭借在嵌入式系统和自动化领域所累积的极高技术水平，为其工业奠定了全球领军地位。也正因为如此，作为全球工业实力最为强劲的国家之一，德国在新时代的技术发展趋势下，为进一步增强国际竞争力而提出了“工业4.0”战略，旨在支持工业领域新一代革命性技术的研发与创新，保持德国的国际竞争力。

“工业 4.0”还有一大特点，就是德国总理默克尔亲自不遗余力地推动。2014 年 7 月 6 日至 8 日，德国总理默克尔在其任期内第七次访问中国，并且带来了“工业 4.0”工作组的众多成员到工业和信息化部座谈，使得“工业4.0”受到我国产业界的空前重视。

第一章　为何是 4.0?

制造业大国——德国推出“工业 4.0”的国家战略之后，得到了全世界的广泛关注，也受到了行业内的广泛评议。德国希望借助于“工业 4.0”，在生产制造的各个环节应用信息技术，将信息技术与物理现实社会之间的联系可视化，将生产工艺与管理流程全面融合。由此，通过智能制造，生产出智能产品，形成智能工厂。

那么为何是 4.0 呢？

首先让我们回顾一下前几次工业革命的主要特征（图 1-1）。

◆ 工业革命 1.0

18 世纪末期始于英国的第一次工业革命，19 世纪中叶结束。这次工业革命的结果是机械生产代替了手工劳动，经济社会从以农业、手工业为基础转型到了以工业以及机械制造带动经济发展的模式。

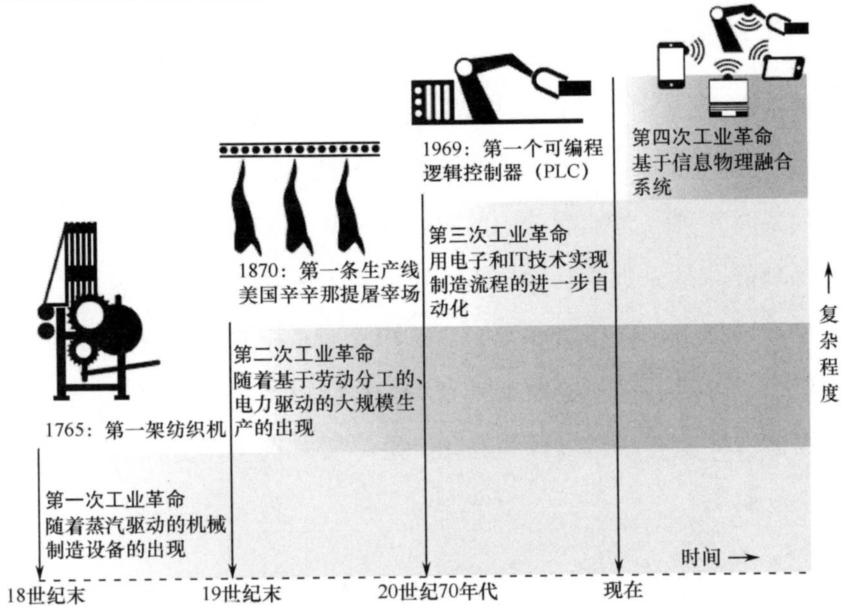

图 1-1　人类经历的四次工业革命主要特征

资料来源：《德国工业 4.0 最终报告》（作者改译）

◆ 工业革命 2.0

第二次工业领域大变革发生在 19 世纪末期，形成生产线生产的阶段。通过零部件生产与产品装配的成功分离，开创了产品批量生产的新模式。

◆ 工业革命 3.0

第二次工业革命在生产过程中产生的高度自动化，引发了第三次工业革命，它始于 20 世纪 70 年代并一直延续到现在。电子与信息技术的广泛应用，使得制造过程不断实现自动化，机械设备开始替代人类作业。

◆ 工业革命 4.0

未来 10 年，第四次工业革命将步入“分散化”生产的新时代。“工业 4.0”通过决定生产制造过程等的网络技术，实现智能制造，进行实时管理。智能制造中的生产设备具有感知、分析、决策、控制等功能，是先进的制造技术、信息技术的集成和深度融合。在智能生产过程中，传感器、智能诊断和管理系统通过网络互联，使得由单一、分散的程序控制上升到综合智能控制，从而制造工艺能够根据制造环境和制造过程的变化，进行实时优化，提升产品的质量和生产效率。

“工业 4.0”的最初概念是在 2011 年德国举办的“汉诺威工业博览会 2011”上被提出的。两年后的“汉诺威工业博览会 2013”中发布了“工业 4.0”工作组最终报告——《保障德国制造业的未来——关于实施工业 4.0 战略的建议》。“工业 4.0”在德国被认为是机械化（第 1 次）、电气应用（第 2 次）、自动化（第 3 次）之后的第 4 次工业革命。

德国“工业 4.0”与美国第三次工业革命的共同点是都基于互联网。互联网技术带给我们许多创新和意想不到，互联网思维也深深影响着制造业的产品设计与推广。可以说，互联网技术影响了人类社会，并对社会发展起了很大的推动作用，是当今社会面临的各种变革的最大根源。美国提出的第三次工业革命实质上是将互联网技术应用到新能源领域，将新能源资源的分散化、分布式配置，结合互联网技术实现能源的按需供给和双向买卖，产生智能电网，带动第三次工业革命。它本质上是推动互联网技术在新能源领域的深度应用，是新能源与互联网相融合的新一次工业革命。

在德国，“工业 4.0”的概念被认为是以智能制造为主导的第四次工业革命，旨在通过深度应用信息技术和网络物理系统等技术手段，将制造业向智能化转型。与美国的第三次工业革命说法不同，德国“工业 4.0”认为，在制造业领域，将各种资源、信息、物品和人融合在一起，相互联网的众多“信息物理系统（Cyber-Physical System，CPS）”形成了“工业 4.0”。CPS 包括智能设备、数据存储系统和生产制造业务流程管理，从生产原材料采购到产品出厂，整个生产制造和物流管理过程，都基于信息技术实现数字化、可视化的智能制造。

第二章 “工业 3.0”与“工业 4.0”有哪些不同?

“工业 4.0”时代的智能化，是在“工业 3.0”时代的自动化技术和架构的基础上，实现从集中式中央控制向分散式增强控制的生产模式的转变，利用传感器和互联网让生产设备互联，从而形成一个可以柔性生产的、满足个性化需求的大批量生产模式。

20 世纪 70 年代后期，自动控制系统开始应用于生产制造之中。此后，许多工厂都在不断探索如何提高生产效率，如何提高生产质量以及生产的灵活性。一些工厂从机械制造的角度提出了机电一体化、管控一体化。机电一体化实现了流水线工艺，按顺序操作，为大批量生产提供了技术保障，提高了生产效率；管控一体化基于中央控制，能够实现集中管理，在一定程度上节约了生产制造的成本，提高了生产质量。但是，两者都无法解决生产制造的灵活性问题。

英国早在 20 世纪 60 年代就提出了柔性制造系统（Flexible Manufacture System，FMS）概念。柔性制造系统主要是指按成本效益原则，以自动化技术为基础，以敏捷的方式适应产品品种变化的加工制造系统。据资料显示，柔性制造系统以计算机控制，由若干半独立的工作站和一个物料传输系统组成，以可组合的加工模块化和分布式制造单元为基础，通过柔性化的加工、运输和仓储，高效率地制造多品种、小批量的产品，并能在同一时间用于不同的生产任务。这种分布式、单元化自律管理的制造系统，每个单元都有一定的决策自主权，并由自身的指挥系统进行计划调度和物料管理，形成局部闭环，可适应生产品种频繁变换的需求，使设备和整个生产线具有相当大的灵活性。柔性制造系统是一种以信息为主与批量无关的可重构的先进制造系统，实现了加工系统从“刚性化”向“柔性化”的过渡。

如今，随着信息技术的飞跃发展，人们对产品需求的变化，使得灵活性进一步成为生产制造领域面临的最大挑战。具体而言，由于技术的迅猛发展，产品更新换代频繁，产品的生命周期越来越短。对于制造工厂来说，既要考虑对产品更新换代具有快速响应能力，又要考虑因生命周期缩短而减小产品批量。随之而来的是产生了成本提升和价格压力问题。

“工业 4.0”则让生产灵活性的挑战成为新的机遇，将现有的自动化技术通过与迅速发展的互联网、物联网等信息技术相融合来解决柔性化生产问题。

从“工业 3.0”时代的单一种类产品的大规模生产，到“工业 4.0”时代的多个种类产品的大规模定制，既要满足个性化需要，又要获得大规模生产的成本优势。所以，“工业 4.0”和“工业 3.0”的主要差别体现在了灵活性上（图 2-1）。“工业 4.0”基于标准模块，加上针对客户的个性化需求，通过动态配置的单元式生产，实现规模化，并满足个性化需求。同时，大规模定制从过去落后的面向库存生产模式转变为面向订单生产模式，在一定程度上缩短了交货期，并能够大幅度降低库存，甚至零库存运行。在生产制造领域，需求推动着新一轮的生产制造革命以及技术与解决方案的创新。对产品的差异化需求，正促使生产制造业加速发布设计和推出产品。正因为人们对个性化需求的日益增强，当技术与市场环境成熟时，此前为了提高生产效率、降低产品成本的规模化、复制化生产方式也将随之发生改变。所以“工业 4.0”是工业制造业的技术转型，是一次全新的工业变革。

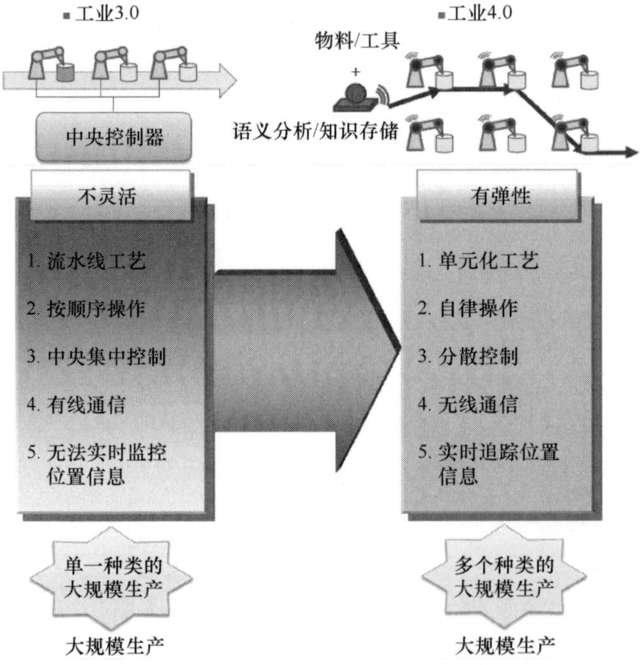

图 2-1 “工业 3.0”与“工业 4.0”的对比

“个性化”是有针对性的、量身定制的代名词；“规模化”意味着大批量、重复生产。“工业 4.0”时代的智能制造就是让“个性化”和“规模化”这两个在工业生产中相互矛盾的概念相互融合的生产方式，通过互联网技术手段让供应链上的各个环节更加紧密联系、高效协作，使得个性化产品能够以高效率的批量化方式生产，也就是大规模定制生产。

大规模定制生产模式结合了定制生产和大规模生产两种生产方式的优势。大规模定制以顾客需求为导向，是一种需求拉动型的生产模式，以模块化设计、单元式生产为基础，以信息技术和网络技术为大规模定制的基本平台，基于差异化战略获取更广阔的竞争优势（表 2-1）。所以，大规模定制生产模式在满足顾客个性化需求的同时，能够实现较低的生产成本和较短的交货期（表 2-2）。

表 2-1　大规模生产和大规模定制的比较

项　目	大规模生产	大规模定制
管理理念	以产品为中心，以低成本去竞争市场	以顾客为中心，以快速响应赢得市场
驱动方式	根据市场预测安排生产（推动式的生产方式）	根据顾客需求安排生产（拉动式生产方式）
核心	通过稳定性和控制能力保持高效率	通过灵活性和快速响应来实现多样化和定制化
战略	成本领先战略：通过降低成本、提高生产效率获取竞争优势	差异化战略：通过快速反应、提供个性化的产品获取竞争优势
目标	以低价格开发、生产、销售、交付产品和服务	以多样化和定制化开发、生产、销售、交付顾客满意的产品和服务
适用范围	需求稳定，统一市场	需求动态变化，多元化的细分市场

通过比较，可以看出大规模定制既保留了大规模生产的低成本和高速度，又具有定制生产的灵活性，将工业化和个性化比较完美地结合在了一起（图 2-2）。大规模定制生产也是企业参与竞争的新方法，

是制造业企业如何获得成功的一种新的思维模式。大规模定制以顾客愿意支付的价位和能获得一定利润的成本，来高效率地进行产品定制生产，满足顾客的个性化需要。

表 2-2　大规模生产和大规模定制的生产过程比较

生产过程		大规模生产	大规模定制
订货		按照销售部门的预定组织生产	按照顾客订单组织生产，满足顾客个性化的要求
设计		针对某一产品进行设计，产品系列趋于增大，零件数量增加，零部件标准化程度低	针对产品簇进行设计，设计任务模块化，零部件标准化程度高，模块重用率高
制造	生产计划	针对某一产品进行生产资源配置，大批量生产产品，生产自动化	以批量效益地生产各种产品，制造网络化、个性化
	生产时间	产品开发周期长、生产周期长	产品随顾客需求而变、开发周期短、生产周期短
	生产设备	设备专用，设备调整时间长，维护费用高	柔性的生产设备，设备调整时间短，维护费用低
	生产成本	低成本	低成本
	产品质量	追求质量稳定，标准化的产品和服务	追求高质量，定制化的产品和服务
销售		买方与卖方以客户关系为纽带，致力于如何推销已有的产品	顾客与企业以网络平台为纽带，关注如何采用适用技术满足顾客的个性化需求
服务		难以达到顾客的 100%满意	顾客充分满意

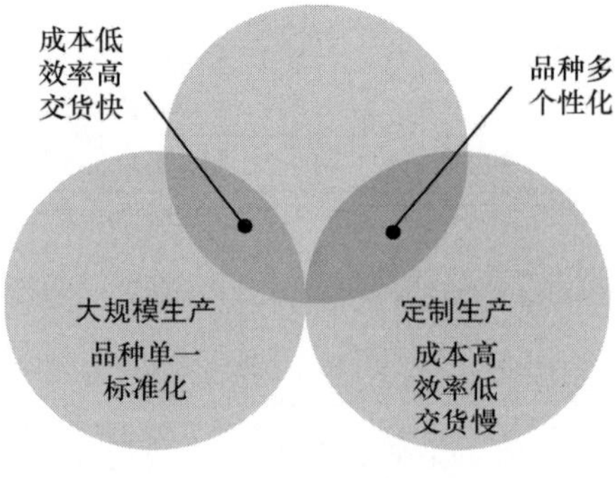

图 2-2　大规模定制生产的优势

定制产品由于更接近个性化需求，所以比标准化产品具有更大的价值空间。此外，大规模定制生产通过互联网，使供应商、制造商、经销商以及顾客之间的关系更加紧密。借助于互联网和电子商务平台进行大规模定制，也可以实现消费者、经销商和制造商等多方的“满意”与“共赢”。

第三章 “工业 4.0”具体能实现什么？

自动化只是单纯的控制，智能化则是在控制的基础上，通过物联网的传感器采集海量生产数据，通过互联网汇集到云计算数据中心，然后经过信息管理系统对大数据进行分析、挖掘，从而制定出正确的决策。这些决策附加给自动化设备的是“智能”，从而提高生产灵活性和资源利用率，增强顾客与商业合作伙伴之间的紧密关联度，并提升工业生产的商业价值（图 3-1）。

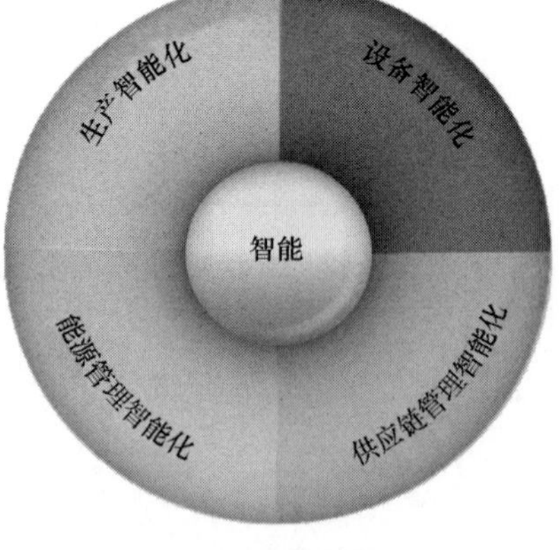

图 3-1 “工业 4.0”实现的智能

（一）生产智能化

全球化分工使得各项生产要素加速流动，市场趋势变化和产品个性化需求对工厂的生产响应时间和柔性化生产能力提出了更高的要求。“工业 4.0”时代，生产智能化通过基于信息化的机械、知识、管理和技能等多种要素的有机结合，在着手生产制造之前，就按照交货期、生产数量、优先级、工厂现有资源（人员、设备、物料）的有限生产能力，自动制订出科学的生产计划，从而提高生产效率，实现生产成本的大幅下降，同时实现产品多样性，缩短新产品开发周期，并最终实现工厂运营的全面优化变革。

在传统制造业时代，材料、能源和信息是工厂生产的三个要素（图 3-2）。传统制造业发展的历史，就是工厂利用材料、能源和信息进行物质生产的历史。材料、能源和信息领域的任何技术革命，必然导致生产方式的革命和生产力的飞跃发展。但是，随着移动互联网和云计算、大数据技术的发展，以及计算机到智能手机等移动终端的演进，越来越多功能强大的智能设备以无线方式实现了与互联网或设备之间的互联。由此衍生出物联网、服务互联网和数据网，推动着物理世

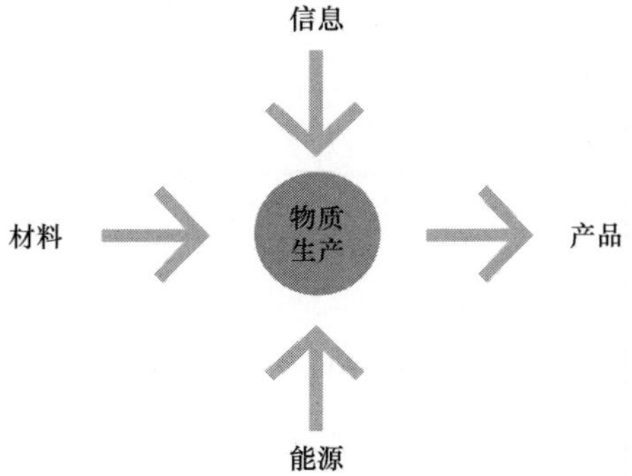

图 3-2　传统物质生产的要素

界和信息世界以信息物理系统（CPS）的方式相融合。也可以说，是这种技术进步使得制造业领域实现了资源、信息、物品、设备和人的互通互联。

通过互通互联，云计算、大数据这些新的信息技术，和以前的自动化技术结合在一起，生产工序实现纵向系统上的融合，生产设备和设备之间、工人与设备之间的合作，把整个工厂内部联结起来，形成信息物理系统，互相之间可以合作和响应，能够开展个性化的生产制造，可以调整产品的生产率，还可以调整所需利用资源的多少，采用最节约资源的方式生产。

“工业 4.0”时代，在智能工厂中，CRM（Customer Relationship Management，客户关系管理）、PDM（Product Data Management，产品数据管理）、SCM（Supply Chain Management，供应链管理）等软件管理系统可能都将互联。届时，接到顾客订单后的一瞬间，工厂就会立即自动地向原材料供应商采购原材料。原材料到货后，将被赋予数据，“这是给某某客户生产的某某产品的某某工艺中的原材料”，使“原材料”带有信息。带有信息的原材料也就意味着拥有自己的用途或目的地。在生产过程中，原材料一旦被错误配送到其他生产线，它就会通过与生产设备开展“对话”，返回属于自己的正确的生产线；如果加工生产的原材料不够用，生产机器同样也可以向订单系统进行“交涉”，来增加原材料数量；即便是原材料最终嵌入到产品内，由于它还保存着路径流程信息，这样也能够实现追踪溯源（图 3-3）。

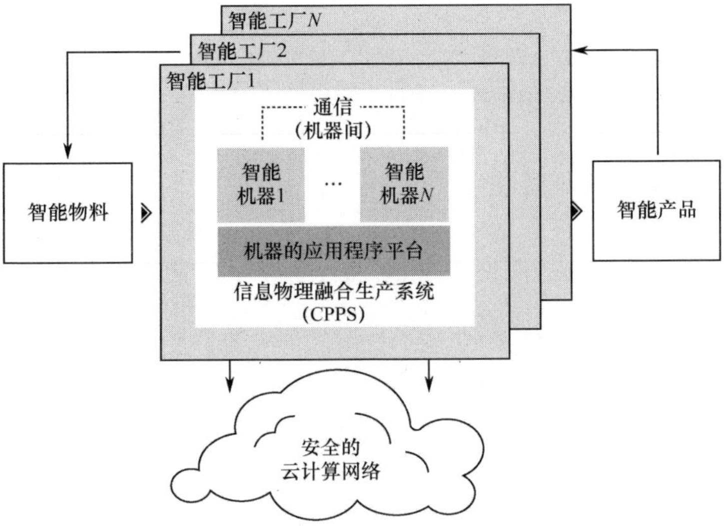

图 3-3　“工业 4.0”的智能生产

资料来源：《德国工业 4.0 最终报告》（作者改译）

（二）设备智能化

在未来的智能工厂，每个生产环节清晰可见、高度透明，整个车间有序且高效地运转。在“工业 4.0”中，自动化设备在原有的控制功能的基础上，附加一定新功能，就可以实现产品生命周期管理、安全性、可追踪性与节能性等智能化要求。这些生产设备添加的新功能是指通过给生产线配置众多传感器，让设备具有感知能力，将所感知的信息通过无线网络传送到云计算数据中心，通过大数据分析决策进一步使得自动化设备具有自律管理的智能功能，从而实现设备智能化。

“工业 4.0”中，在生产线、生产设备中配备的传感器，能够实时抓取数据，然后经过无线通信连接到互联网，并传输数据，对生产本身进行实时的监控。设备传感和控制层的数据与企业信息系统融合形成了信息物理系统（CPS），使得生产大数据传到云计算数据中心进行存储、分析，形成决策并反过来指导设备运转。设备的智能化直接决定了“工业 4.0”所要求的智能生产水平。

（三）能源管理智能化

以往，工厂的能源管理主要依赖人工方式，通过人工对每一生产设备进行统计和监管，从而实现能源管理。这是一种粗放式的管理方式，很容易造成能源浪费。

设备能源浪费主要来自于两方面：首先，一味地从保障设备能正常运行的角度对电能进行管理，而没有从设备使用效率、生产成本等角度对设备用电进行智能化管理；其次，工业节能制度与执行生产之间存在着很多信息不对称，以致能源管理效果远远低于管理预期。

所以，对生产设备的监测、预警、控制是实现能源管理的必要条件，对所有生产设备的全面感知成为实现能源管理的基础。这正是“工业 4.0”中能源管理智能化的一个体现。基于实时感知的能源管理系统，能够降低信息的不对称，并在生产过程中不断实时优化能源效率。

具体而言，各个生产设备可以实时监测电力参数和设备用电状态。电力参数包括电压、电流、功率、功耗等，设备用电状态包括开机时间、关机时间、运行时长等。这些数据由传感器通过无线网络传输至数据中心，提供给管理人员实时查询。一方面通过可视化的能耗数据，管理人员可以远程关闭闲置设备；另一方面通过量化的数据，管理人员可以实现节能审计。

能源效率将成为智能生产设备的一个重要指标。智能化地切断生产间歇期，减除生产线上闲置部分供电的能力，是满足这个指标的关键要素。以往，很多生产线或其中部分生产设备在不进行生产活动的周末和换班期间持续运行，造成在间歇时消耗大量能量。未来，即便在短暂的生产间歇期，通过能源管理智能化，也能够实现合理的闲置设备关闭。在较长的生产间歇期，闲置设备将进入一种被称作远程唤醒的待命模式。

（四）供应链管理智能化

在传统的制造业生产模式中，无论是工厂还是供应商，都需要为制造业的零部件或原材料的库存付出一定的成本支出，由于供应商和工厂之间的信息不对称和非自动的信息交换，生产的模式只能采用按计划或按库存生产，灵活性和效率受到了约束。

供应链管理系统应运而生。它是随着 20 世纪 90 年代信息技术（特别是互联网）的发展，在全球制造业出现企业经营集团化和国际化的形势下提出的新型管理模式。供应链管理（SCM）是对由供应商、制造商、分销商直至最终顾客构成的供应链系统中的物流、信息流、资金流进行计划协调、控制和优化，旨在降低总成本的同时，提高服务水平的一种先进的管理模式。

在“工业 4.0”时代，复杂的制造系统在一定程度上也加速了产业组织结构的转型。传统的大型企业集团掌控的供应链主导型将向产业生态型演变，平台技术以及平台型企业将在产业生态中展现出更多的作用。因此，企业竞争战略的重点将不再是做大规模，而将是智能化的供应链管理，在不断变化的动态环境中获得和保持动态的供需协调能力。

供应链管理智能化将统一工厂的零部件库存和供应商的生产流程，从而保证工厂的零部件库存的最小化，降低库存所带来的风险以及生产成本。供应链管理智能化要求企业间的信息采用基于事件驱动的方式来交换信息，信息的交换是实时的，并且对方同样可以做出实时的反应，供应链上不同企业间的运作与在同一企业中的运作一样敏捷，具有对不断变化的需求的适应性。供应链管理智能化将为供应链上的企业带来更大的利益，供应链上各个企业的协同制造将为降低制造成本、物流成本和缩短制造周期，以及更好地为顾客服务提供有力的保障。

实现上述四个智能化体现了“工业 4.0”的宏大愿景。“工业 4.0”认为实现上述四个智能化其实是一个简单的概念：将大量的有关人、信息管理系统、自动化生产设备等物体融入到信息物理系统（CPS）中，在制造系统中，利用产生的数据为企业服务，协同企业的生产和运营。

此外，“工业 4.0”时代可能还会实现更多的高级功能。例如，设备智能化使得设备可以自律性地察觉维护时期，生产智能化使得管理人员能够对生产状况实施远程监管、操作以及控制，供应链管理智能化使得资源的分配最优化……

第四章　“工业 4.0”能带来哪些改变?

正在发生的“工业 4.0”，对于我们来说是机遇还是挑战？在制造业领域的市场中，必然会出现采用新的商业模式的企业。传统制造业或许还会存留在市场中，但是为了应对新的竞争对手，它们的经营管理者一定会在工业革命期间改变它们的组织结构、管理流程和业务功能。智能手机、可穿戴设备之所以能够成功，不仅仅因为它们是新事物，更重要的是紧随其后的消费文化转变和社会转型（图 4-1）。

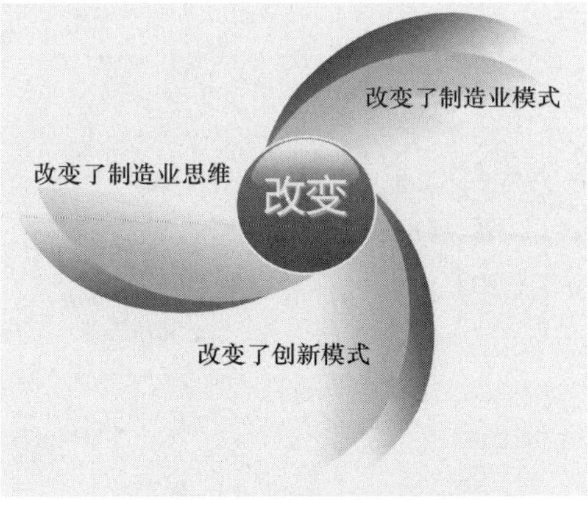

图 4-1 “工业 4.0”带来的改变

（一）改变了制造业思维

互联网思维的冲击此起彼伏。那么，究竟什么是互联网思维？对于制造业而言，互联网思维意味着什么？制造业有没有互联网思维？

信息技术的发展日新月异，人类社会步入信息时代后，随之而来的是一些新的概念、理念不断地冲击人们的头脑，带来巨大的变革。无界限、全民化、信息化、传播速度快是互联网的特征。普遍认为，互联网思维是基于互联网特征衍生出来的。小米公司董事长兼 CEO 雷军将互联网思维概括为“专注、极致、口碑、快”七字诀；《互联网思维：商业颠覆与重构》一书则系统化提炼出互联网十二大核心思维——“标签思维、简约思维、NO.1 思维、产品思维、痛点思维、尖叫点思维、屌丝思维、粉丝思维、爆点思维、迭代思维、流量思维、整合思维”，对互联网思维进行了全面的概括。其实，互联网思维归根到底是将传统工业时代的“价值链”转化为互联网时代的“价值环”（图 4-2）。过去的互联网是信息的互联网，现在的互联网是人的互联网，一切以用户为中心，发展粉丝经济，靠口碑营销。同时，用户不仅仅是消费者，还将通过体验与互动，成为创造价值的参与者。

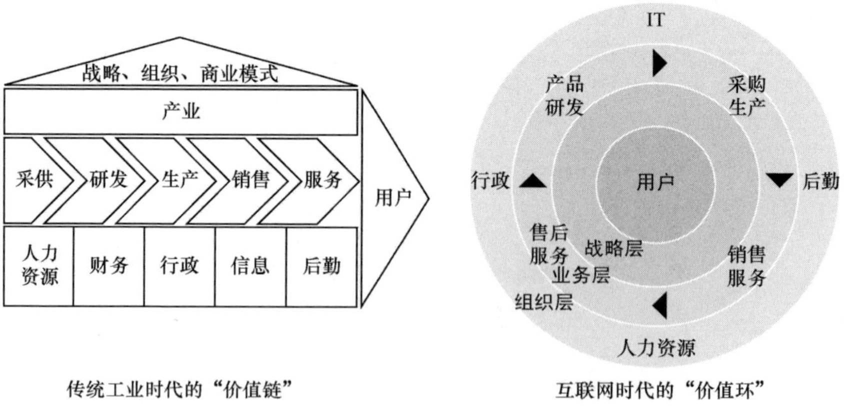

图 4-2　互联网思维

资源来源：《互联网思维独孤九剑》

互联网对传统商业的重构过程完整地为我们展现了互联网思维所带来的颠覆性改变。互联网渗透与融合到各个领域、各个行业，互联网思维也将影响各个领域、各个行业。随着工业和信息化的深度融合，信息时代的制造业也无可厚非地面临着巨大变革。信息技术向制造业的渗透与融合，也将给制造业带来新的思维。

就制造业而言，制造业的互联网思维，就是深度应用互联网的无界限、全民化、信息化、传播速度快等特性，创新制造模式，整合生产资源，提升生产效率，从而促进制造业的转型升级。

德国“工业 4.0”是制造业互联网思维的一个体现，将带动制造业思维的转变。具体而言，在“智能工厂”以“智能生产”方式制造“智能产品”，整个过程贯穿“网络协同”。

一是智能工厂。在生产设备中广泛部署传感器，使其成为智能化的生产工具，成为物联网的智能终端，从而实现工厂的监测、操控智能化。在未来的智能工厂中，产品零部件本身附带相应信息，它们会根据自身生产需求，直接与生产系统和设备沟通，发出生产过程所需的操作指令，直至指挥设备把自己生产出来。

二是智能生产。在生产制造过程中，动态配置生产资源，实现柔性生产，从而使制造过程的效率更高，资源的配置更加合理，产品更具个性化，生产更加智能化。生产设备的自动化层和生产制造的管理系统之间的对接将会更加无缝化，从而能够实现柔性的生产方式，满足不同用户的个性化定制需求。

三是智能产品。在产品的生产制造过程中，通过数字化设计与现实物理世界的融合，能够应对生产效率越来越高、产品生产周期越来越短、产品日趋多样性等所带来的挑战。同时，互联网作用于产品全生命周期，从原材料的采购开始，到生产制造、营销、售后服务、维护、回收等各个环节实现追踪溯源。

四是网络协同。通过互联网实现企业内部、外部的协同设计、协同制造和协同管理，实现商业模式的颠覆和重构。通过网络协同制造，消费者、经销商、工厂、供应链等各个环节利用互联网技术实现全流程参与。传统制造业的模式以产品为中心；而未来制造业通过与用户互动，根据用户的个性化需求部署产品的设计与生产制造。

也就是说，“工业 4.0”将会改变制造业思维，给制造业带来更多的灵活性和想象空间。随着“工业 4.0”的发展和制造业思维的转变，制造业的游戏规则或将颠覆。

（二）改变了制造业模式

第一次工业革命，蒸汽机的发明实现了机械化。第二次工业革命是一系列电器的发明，让人类跨入了“电气时代”。从 20 世纪 70 年代开始，随着信息技术的发展，计算机服务系统、ERP（Enterprise Resource Planning，企业资源计划）等软件系统在制造业领域的应用，带来了制造业的数字化和自动化。可以说，前三次工业革命让制造业的生产模式不断地进化。而“工业 4.0”则是在第三次工业革命的基础上，对制造业的模式造成了转变。

过去的制造业只是一个环节，但随着互联网进一步向制造业渗透，网络协同制造已经开始出现。制造业的模式将随之发生巨大变化，它会打破传统工业生产的生命周期，从原材料的采购开始，到产品的设计、研发、生产制造、市场营销、售后服务等各个环节构成了闭环，彻底改变制造业以往仅是一个环节的生产模式。在网络协同制造的闭环中，用户、设计师、供应商、分销商等角色都会发生改变。与之相伴而生，传统价值链也将不可避免地出现破碎与重构。

在“工业 4.0”代表新一轮工业革命的背后是智能制造，是向效率更高、更精细化的未来制造发展。在信息技术使得制造业从数字化走向网络化、智能化的同时，传统工业领域的界限也越来越模糊，工业和非工业也将渐渐地难以区分。制造环节关注的重点不再是制造的过程本身，而将是用户个性化需求、产品设计方法、资源和渠道的整合，以及网络协同生产。所以，一些信息技术企业、电信运营商、互联网公司将与传统制造企业紧密衔接，而且它们很有可能将成为传统制造业乃至工业行业的领导者。

（三）改变了创新模式

以往，“标准化”对“创新”是一种制约。而在“工业 4.0”中，衍生出“研发”+“行业支持”+“标准化”=“创新”的方程式，令许多业界人士颇为震惊（图 4-3）。

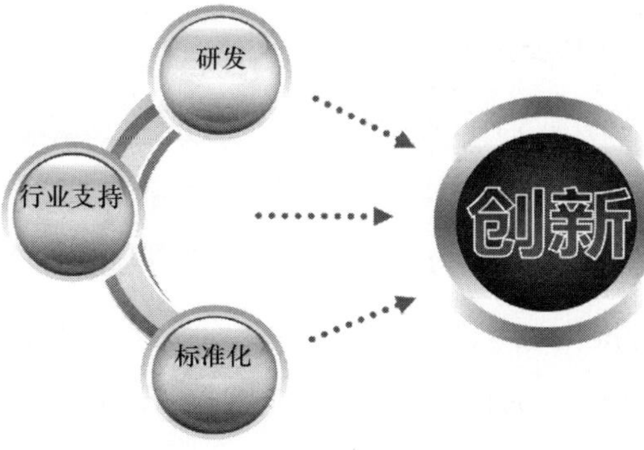

图 4-3 “工业 4.0”的创新方程式

在传统制造业时代，标准决定着产品、决定着市场取向。所以，随着越来越多的高新技术的诞生与发展，企业以专利和知识产权申报为标准，成了制造业获取最大经济利益的最佳途径。标准成为专利技术、知识产权的最高体现形式，制造业的经济利益更多地取决于标准，渐渐地，标准也越来越多地蒙上垄断色彩。正因为如此，标准在一定程度上遏制了创新，它无视信息时代的客户需求的差异化，不再符合新的互联网思维和未来制造业思维。

当然，如果只有创新而没有跟进的标准化，那么创新成果就很难转化为经济效益。但是，如果过度强调标准化，则容易形成垄断化的管理体系，从而扼杀创新。那么，如何处理“创新”与“标准”两者之间的关系，优化创新模式呢？“工业 4.0”中其实给出了一个答案。

“工业 4.0”在分散的价值网络上实现横向互联，并进行实时管理。从用户下订单开始，直到产品物流交货，贯通原材料采购、产品研发与设计、生产制造与客户关系管理、供应链和生产能耗管理等信息系统，帮助工厂实现产品的短期上市、更高的生产灵活性和资产利用率、更低的成本和更可控的风险。这样一来，首先，用户参与“研发”互动，提供更多的创新思路；其次，智能工厂通过互联网网站接受个性化定制产品的生产订单，通过 Facebook、微博等社会化媒体工具征集合作生产设备或合作伙伴，从阿里巴巴平台采购原材料和零部件，制造成品交货之后，系统自动通过网上支付进行销售结算，形成跨领域的“行业支持”；最后，技术成熟、产品定型之后才开始“标准化”：使得制造业具备了更好的弹性和柔性，以及标准化与多样化并存，形成“研发”+“行业支持”+“标准化”=“创新”模式，保障“大规模定制”等模式的实施，从而实现既能适应市场对产品多样化的需求，又能享受大规模生产优势的目标。

第五章　“工业 4.0”能产生多大价值?

德国推出“工业 4.0”其实也是基于本国的产业结构。德国是一个以机械行业为支柱的制造业大国，国土狭小，资源匮乏，人口也相对较少（只有约 8 000 万人）。所以它只有向国外出口高附加值产品，在国外生产，才能使国家富强。而且德国 90%的人员在不到 500 人的中小企业中工作。通过中小企业不断的技术创新，并主要在各企业之间交易，这样，中小企业在固定的零部件和机床领域占据了较大的市场份额。如果某些企业缺少德国中小企业的产品供货，自身的生产制造将会停滞，所以一般很容易接受中小企业的产品议价。为此，中小企业之间也避免了激烈的价格竞争。

德国“工业 4.0”有效地对本国中小企业进行了保护和扶持。中小企业相对于西门子那样的大企业来说缺乏资本与实力，而实现“工业 4.0”需要巨额的软件开发投入，由中小企业自己开发将是非常困难的；所以由政府牵头，制造业的主要社会团体共同推进“工业 4.0”的标准化，缺乏自主开发软件能力的中小企业也就能享受技术上的扶持。相反，中小企业如果工厂信息化落后，也将致使本国经济的主要贡献者弱化。

德国信息产业、电信和新媒体协会（BITKOM）对德国“工业 4.0”的经济效益进行了预测。BITKOM 的预测数据显示，相对于 2013 年，德国经济增加值将保持 1.74%的年增长率，到 2025 年有望高达 787.7 亿欧元。其中，化工产业将从 400.8 亿欧元增至 521 亿欧元；汽车产业将从 740 亿欧元增至 888 亿欧元；机械产业将从 767.9 亿欧元增至 998.3 亿欧元；电子产业将从 402.7 亿欧元增至 523.5 亿欧元；农业将从 185.5 亿欧元增至 213.3 亿欧元；信息通信技术产业将从 936.5 亿欧元增至 1 077 亿欧元（图 5-1）。

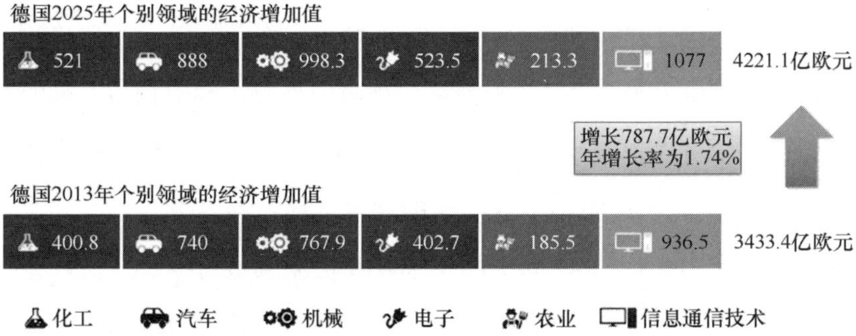

图 5-1　德国“工业 4.0”的经济效益

资料来源：德国信息产业、电信和新媒体协会（BITKOM）（作者改译）

从社会效益来看，德国重视“工业 4.0”的另一个原因是老龄化带来的劳动力不足。2010 年以来经济向好的德国，深深感受到本国技术工人的数量不足。部分厂家通过招收一些经济不景气的西班牙、葡萄牙的工人来增加产量。而且德国预计从业工人到 2030 年相对于目前将减少 600 万人。德国部分企业开始通过营建适合 60 岁以上工人工作的环境来确保熟练工种的人数，以解决劳动力不足的问题。因此，“工业 4.0”对于未来劳动力不足的德国来说，也是一个解决方案。

从生产力的发展来看，自 200 多年以前发生的第一次工业革命开始，工厂的生产力已经成倍增长。随之增长的还有全球的社会生产总值，“工业 4.0”将远远超过第一次、第二次和第三次工业革命的总和。从蒸汽机到智能化时代出现的新技术是增长的推动力。在“工业 4.0”时期，数十亿人和数百万组织机构连接到工业互联网，以一种无法想象的方式在全球进行网络协同制造。

根据美国通用电气公司（GE）在 2012 年 11 月发表的研究报告，到 2025 年，智能工业网络可能实现的效率提升和生产力进步将几乎覆盖每个经济领域，影响“大约一半的全球经济”。而根据德国电子电气制造商协会（ZVEI）的预测，到 2020 年，“工业 4.0”带动下的全球国内生产总值将达到约 90 万亿美元（图 5-2）。

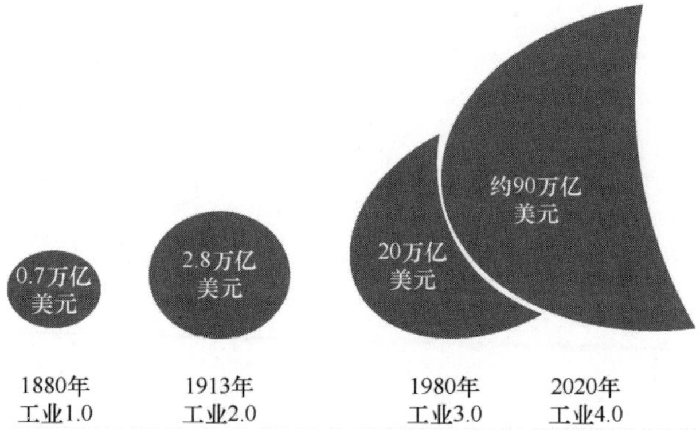

图 5-2　四次工业革命带动下的全球国内生产总值

资料来源：德国电子电气制造商协会（ZVEI）（作者改译）

第二篇 “工业 4.0”的科学发展观

第六章 本质是基于“信息物理系统”实现“智能工厂”

第七章 核心是动态配置的生产方式

第八章 关键是信息技术应用

第九章 愿景是解决能源消费等社会问题

第十章 最终用意是标准化

“工业 4.0”是一个发展的概念，体现出科学的发展观。工业 4.0 本质是基于“信息物理系统”实现“智能工厂”，是以动态配置的生产方式为核心的智能制造，也是未来信息技术与工业融合发展到新的深度而产生的工业发展模式。通过“工业 4.0”可以实现生产率大幅提高，产品创新速度加快，满足个性化定制需求，减少生产能耗，提高资源配置效率，解决能源消费等社会问题。从最终用意来看，“工业 4.0”将全面推动标准化体系建设，进一步巩固德国制造业优势，抢占新一轮产业竞争的制高点。

第六章 本质是基于“信息物理系统”实现“智能工厂”

“工业 4.0”其实就是基于信息物理系统（CPS）实现智能工厂，最终实现的是制造模式的变革。

（一）什么是信息物理系统？

CPS 概念最早由美国国家基金委员会在 2006 年提出，被认为有望成为继计算机、互联网之后世界信息技术的第三次浪潮，其核心是 3C（Computing、Communication、Control）的融合（图 6-1）。

图 6-1 CPS 的 3C 融合

CPS 是融合技术，包括计算、通信以及控制（传感器、执行器等）。中国科学院何积丰院士指出："CPS，从广义上理解，就是一个在环境感知的基础上，深度融合了计算、通信和控制能力的可控可信可扩展的网络化物理设备系统，它通过计算进程和物理进程相互影响的反馈循环实现深度融合和实时交互来增加或扩展新的功能，以安全、可靠、高效和实时的方式监测或者控制一个物理实体。CPS 的最终目标是实现信息世界和物理世界的完全融合，构建一个可控、可信、可扩展并且安全高效的 CPS 网络，并最终从根本上改变人类构建工程物理系统的方式"。

据资料显示，在 2005 年 5 月，美国国会要求美国科学院评估美国的技术竞争力，并提出维持和提高这种竞争力的建议。5 个月后，基于此项研究的报告《站在风暴之上》问世。2006 年 2 月，美国以《站在风暴之上》为基础发布了《美国竞争力计划》，将信息物理系统 CPS 列为重要的研究项目。到了 2007 年 7 月，美国总统科学技术顾问委员会（PCAST）在题为《挑战下的领先——竞争世界中的信息技术研发》的报告中列出了八大关键的信息技术，其中 CPS 位列首位，其余分别是软件、数据、数据存储与数据流、网络、高端计算、网络与信息安全、人机界面等。

CPS 连接了信息世界与物理现实世界，使智能物体互相通信、相互作用，创造一个真正的网络世界。生产设备中的嵌入式系统与生产线上的物联网传感器是构成 CPS 的要素之一，这些技术被称为"物理技术"。但是，CPS 体现了当前嵌入式系统和物联网的进一步进化，与互联网或者网上可搜集的数据、服务结合在一起，实现更加广泛的基于创新型应用或过程的新物理空间，淡化物理世界与信息世界的界限。也就是说，CPS 通过提供构建物联网的基础部分，并且与“服务互联网”一体化，融合于“工业 4.0”中。使得传统制造业中的物理技术就像互联网让用户相互通信、相互作用的关系发生变革一样，将给我们与物理现实世界之间的相互作用关系带来新的、根本性变化（图 6-2）。

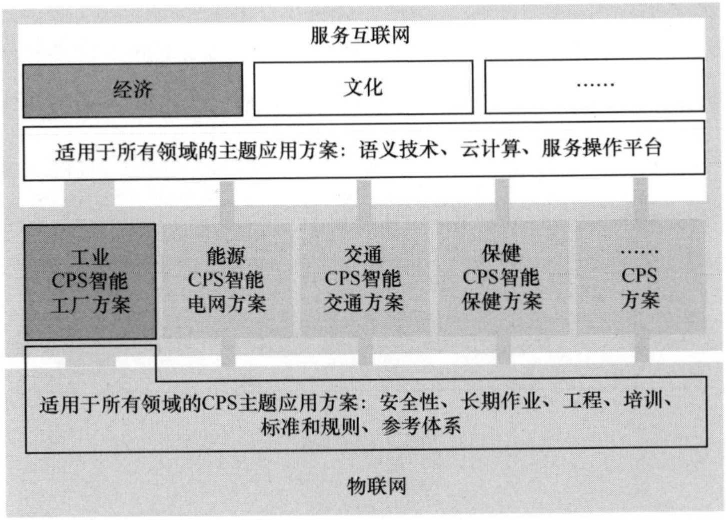

图 6-2 CPS、物联网和服务互联网的相互作用关系

资料来源：《德国工业 4.0 最终报告》（作者改译）

一旦，基于高性能软件的嵌入式系统与融合在数字网络中的专业用户接口之间发生相互作用，必将诞生全新的系统功能性世界。举一个简单的例子，智能手机的基本作用是电话功能，而现在它的应用和服务已经远远超出这个范畴。由于全新的划时代应用和服务的提供商不断涌现，渐渐形成新的价值链，所以，CPS 也将对现有业务与市场模式带来范式上的转变。汽车工业、能源经济，还有包括“工业 4.0”

的生产技术的各个工业部门，将同步这些新的价值链而发生巨变。

（二）“工业 4.0”将 CPS 从 3C 进步到 6C

简单地说，CPS 就是嵌入式系统加上网络控制功能，其中网络功能主要是为了实现控制目的。利用物联网、传感器的无线连接和感知功能，实现进一步管理和控制。

在“工业 3.0”时代，传统的自动化系统是封闭的，许多嵌入式设备并没有预留外部接口。“工业 4.0”在自动化的基础上，通过网络功能对嵌入式系统进行了扩展，使得汇集计算、通信和控制能力于一体的 CPS 成为智能工厂的核心（图 6-3）。

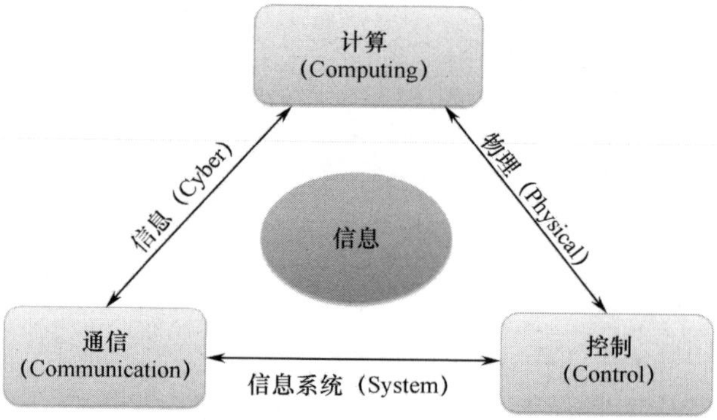

图 6-3　CPS 集计算、通信、控制于一体

同时，在“工业 4.0”时代，进一步丰富了 CPS 的 3C 融合概念。在计算、通信和控制的基础上，增加了内容（Content，语义分析）、社群（Community，协同合作）、与定制化（Customization，个性化定制）（图 6-4）。也可以说，从 3C 到 6C 反映了制造业思维和制造业模式的变革。6C 条件下的智能工厂通过网络协同制造，可以实现全产业链的

智能生产，以及生产的自律调整，并生产出智能产品。

图 6-4 “工业 4.0”时代的 CPS 是 6C 的融合

同时，6C 条件下的智能工厂，可以实现可视化生产，预测性制造管理。在传统的制造过程中，存在许多无法定量的因素，包括加工过程中的设备性能下降、零部件的突发故障、残次品的返工等。通过可视化，实时监控生产数据，掌控那些不确定因素，使得智能工厂管理者能客观地评估制造和设备的使用状态，并通过管理实现预测性制造，起到降低成本，提升运行效率，改进产品质量的作用。

（三）CPS 实现了生产工艺与信息系统融合

目前所说的制造业信息化，首先强调的是 CAD（Computer Aided Design，计算机辅助设计）、CAM（Computer Aided Manufacturing，计算机辅助制造）等工业软件和 PPS（生产计划控制系统）、PLM（产品生命周期管理）等信息化管理系统。主要应用于由上而下的集中式中央控制系统。

而“工业 4.0”通过 CPS 实现生产工艺与信息系统融合，体现了生产模式从“集中型”到“分散型”的范式转变，正是因为有了让传统生产过程理论发生颠覆的技术进步，这一切才成为可能。同时，分散型智能利用，代表了生产制造过程的虚拟世界与物理世界之间的交互关系，在构建智能物体的网络中发挥重要作用。未来，生产设备不再只是“加工”产品，取而代之的是，智能化的生产设备通过网络紧密地联接在一起，而产品则通过网络通信向生产设备传达如何采取正确操作。这样的生产更具动态性和灵活性，从而能挖掘出更多可优化的地方，提高生产效率。

在未来的智能制造业中，CPS 对涵盖自动化、生产技术、汽车、机械工程、能源、运输以及远程医疗等众多工业部门和应用领域，具有非常重要的意义。CPS 不仅可以降低实际成本，提高能源、时间等的效率，还能降低 CO_2 排放水平，在保护环境上发挥重大作用（图 6-5）。因而 CPS 实现的许多应用，将产生新的附加价值链和业务模式。

在生产系统方面，智能工厂的产品、资源及处理过程因 CPS 的存在，将具有非常高水平的实时性，同时在资源、成本节约中也颇具优势。智能工厂将按照重视可持续性的服务中心的业务来设计。因此，灵活性、自适应以及机械学习能力等特征，甚至风险管理都是其中不可或缺的要素。智能工厂的设备将实现高级自动化，主要是由基于自动观察生产过程的 CPS 的生产系统的灵活网络来实现的。通过可实时应对的灵活的生产系统，能够实现生产工程的彻底优化。同时，生产优势不仅仅是在特定生产条件下的一次性体现，也可以实现多家工厂、多个生产单元所形成的世界级网络的最优化。

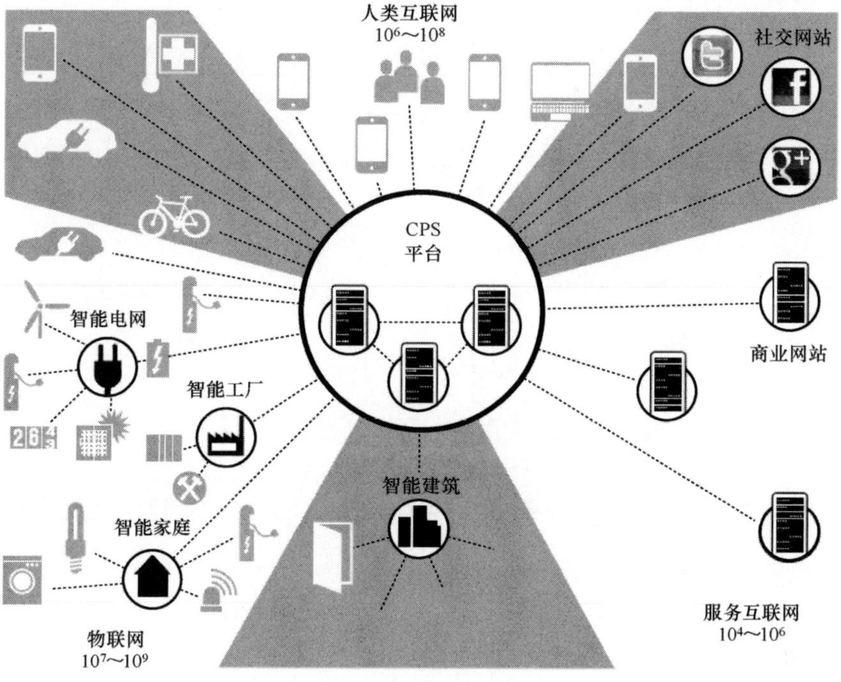

图 6-5 CPS 的广泛应用

资料来源：《德国工业 4.0 最终报告》（作者改译）

（四）智能工厂概念

“工业 4.0”从嵌入式系统向信息物理系统（CPS）进化，形成智能工厂（图 6-6）。智能工厂作为未来第四次工业革命的代表，不断向实现物体、数据以及服务等无缝连接的互联网（物联网、数据网和服务互联网）的方向发展。

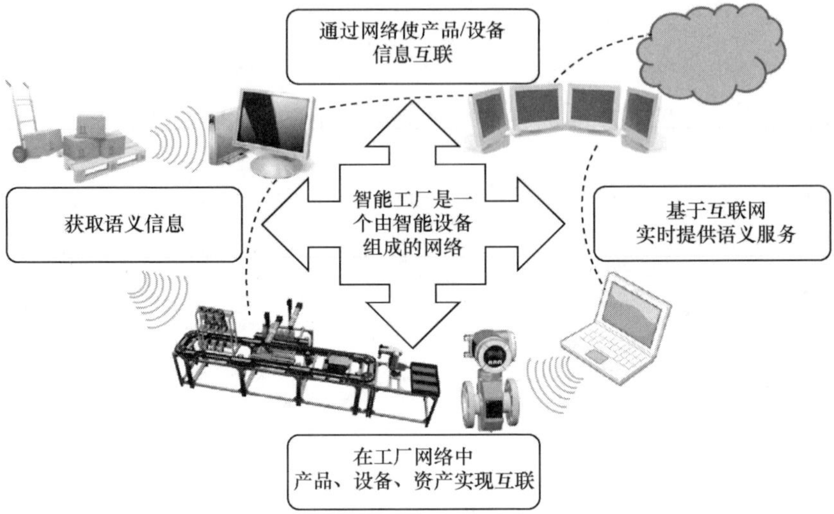

图 6-6 “工业 4.0”时代的智能工厂

资料来源：德国人工智能研究中心（DFKI）（作者改译）

物联网和服务互联网分别位于智能工厂的三层信息技术基础架构的底层和顶层。在最顶层中，与生产计划、物流、能耗和经营管理相关的 ERP、SCM、CRM 等，以及产品设计、技术相关的 PLM 处在最上层，并与服务互联网紧紧相连。中间一层，通过 CPS 物理信息系统实现与生产设备和生产线控制、调度等相关功能。从智能物料供应，到智能产品的产出，贯通整个产品生命周期管理。最底层则通过物联网技术实现控制、执行、传感，实现智能生产（图 6-7）。

（五）智能工厂的三项集成

集成意味着以计算机应用为核心，是信息技术在制造业应用发展的高级阶段，支持制造过程的各个环节。高度集成化能够极大地提高企业的生产效率、有效组织各方资源、鼓舞不同链条中的生产者的积极性，将企业从不同个体变为具备超强凝聚力的团队，使人员组织管理、任务分配、工作协调、信息交流、设计资料与资源共享等发生根本性变化。

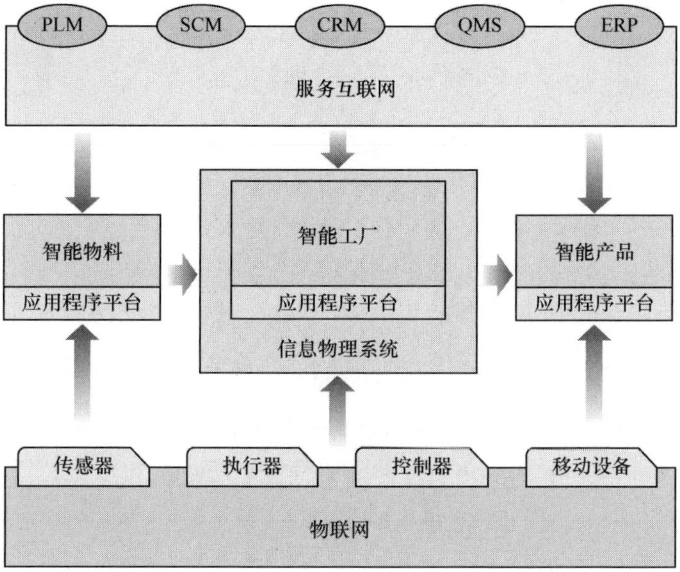

图 6-7 智能工厂的三层信息技术基础架构

“工业 4.0”通过 CPS，将生产设备、传感器、嵌入式系统、生产管理系统等融合成一个智能网络，使得设备与设备、服务与服务之间能够互联，从而实现横向、纵向和端对端的高度集成。

横向集成是指网络协同制造的企业间通过价值链以及信息网络所实现的一种资源信息共享与资源整合，确保各企业间的无缝合作，提供实时的产品与服务机制。横向集成体现在空间跨度上，主要是指从企业的集成到企业间的集成，走向企业间产业链、企业集团甚至跨国集团这种基于企业业务管理系统的集成，产生新的价值链和商业模式的创新（图 6-8）。

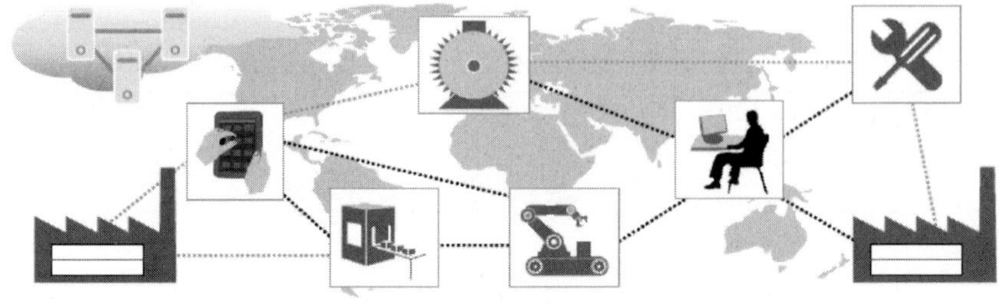

图 6-8　智能工厂的横向集成

资料来源：《德国工业 4.0 最终报告》（作者改译）

纵向集成是指基于智能工厂中的网络化的制造体系，实现分散式生产，替代传统的集中式中央控制的生产流程。纵向集成主要体现在时间跨度上，从侧重于产品的设计和制造过程，走到了产品全生命周期的集成过程，建立有效的纵向的生产体系（图 6-9）。

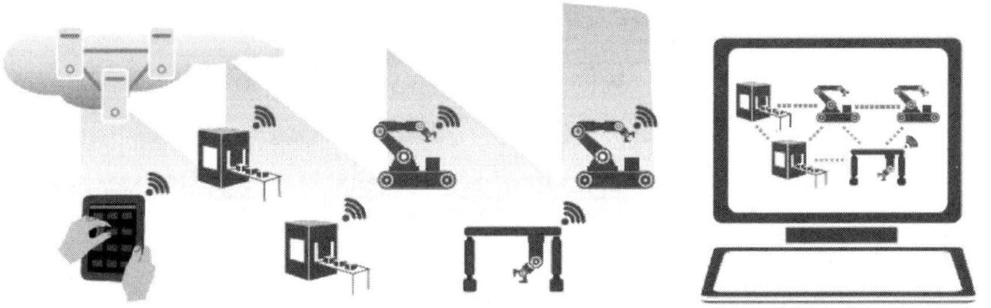

图 6-9　智能工厂的纵向集成

资料来源：《德国工业 4.0 最终报告》（作者改译）

端对端集成是指贯穿整个价值链的工程化信息系统集成，以保障大规模个性化定制的实施。端对端集成以价值链为导向，实现端到端的生产流程，实现信息世界和物理世界的有效整合。端对端集成将单元技术产品通过集成平台，形成企业的集成平台系统，并朝着工厂综合能力平台发展（图 6-10）。

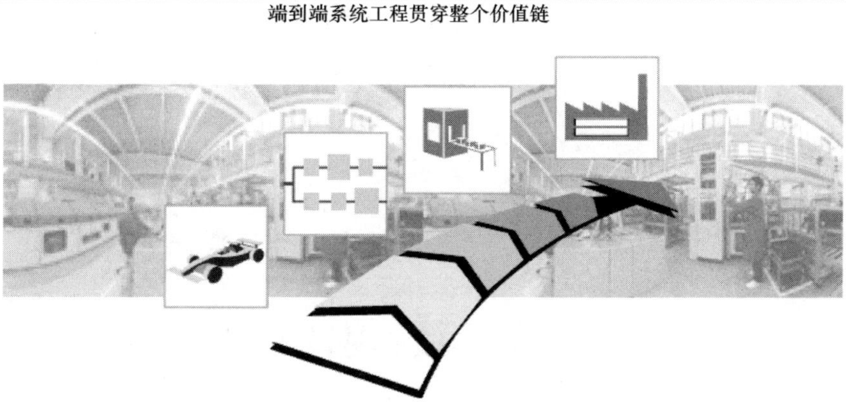

图 6-10 智能工厂的端到端的集成

资料来源：《德国工业 4.0 最终报告》（作者改译）

智能工厂的三项集成，把多年来以信息共享为集成的重点，走到了过程集成的阶段，并不断向智能发展的集成阶段迈进。“工业 4.0”推动制造业在现有高端水平上的纵向、横向以及端到端的，包括企业内部、企业与网络协同合作、企业之间以及企业和顾客之间的全方位的整合。

从过去集成化思想在制造业中的发展历程以及给制造业带来的效果来看，制造业已然越来越离不开以先进技术为支持的全方位整合。可以说，基于全方位整合的集成化思维是制造业新思维之一。也就是，制造业今后的发展必将以“借势借力、整合资源”的全方位整合为基本思路。

第七章　核心是动态配置的生产方式

生产效率是制造企业首先会考虑的问题。在具体生产流程方面，“工业 4.0”对企业的意义在于，它能够将各种生产资源，包括生产设备、工厂工人、业务管理系统和生产设施形成一个闭环网络，进而通过物联网和系统服务应用，实现贯穿整个智能产品和系统的价值链网络的横向、纵向的链接和端对端的数字化集成，从而提高生产效率，最终实现智能工厂。通过智能工厂制造系统在分散价值网络上的横向连接，就可以在产品开发、生产、销售、物流、服务的过程中，借助软件和网络的监测、交流沟通，根据最新情况，灵活、实时地调整生产工艺，而不再是完全遵照几个月或者几年前的计划。

“工业 4.0”通过 CPS 系统将不同设备通过数据交互连接到一起，让工厂内部、外部构成一个整体，而这种“一体化”其实是为了实现生产制造的“分散化”。在“工业 4.0”中，生产模式将从“由集中式中央控制向分散式增强控制”转变，“分散化”后的生产将变得比流水线的自动化方式更加灵活。

（一）流水线与自动化

流水线作业的主要特点是：物料通过流水线传送，操作工人在工位上不移动，不断地重复一个简单、固定的动作。好处是可以避免操作工人在车间内来回走动、更换工具等劳动环节，从而显著地提高了工作效率（图 7-1）。

图 7-1 生产场景图及演变过程

随着 PLC（Programmable Logic Controller，可编程逻辑控制器）的出现和普及，自动化技术得到了重大突破。PLC 使得一些逻辑关联、复杂的操作可以由设备自动完成。同时，数控机床技术的发展，使得零部件能够在机床上按照图纸完成若干复杂的加工工作。此外，采用机械手等工业机器人技术，也使得替代操作工人的简单重复的固定作业成为可能。所以，在流水线上，经过分解的、由标准化动作组成的操作很容易被自动化的机器来完成。也就是，流水线很容易实现自动化。过去 30 多年是全球化发展最快的一段时期，发达国家通过产业转移将大量劳动密集型产业转移到劳动力成本较低的发展中国家。对于大量劳动密集型产业来说，自动化水平较高的流水线的综合成本往往要高于自动化水平较低的生产线。

但是，自动化流水线也有其弊端。不能灵活地生产，不能满足个性化定制，而且重复性低、相对复杂、感知能力要求强的操作更适合人工来做。

（二）从自动化流水线到动态配置的生产

更好地满足个性化需求，提高生产线的柔性是制造业长期追求的目标。

“工业 4.0”报告中描述的动态配置的生产方式主要指从事作业的机器人（工作站）能够通过网络实时访问所有有关信息，并根据信息内容，自主切换生产方式以及更换生产材料，从而调整成为最匹配模式的生产作业。动态配置的生产方式能够实现为每个客户、每个产品进行不同的设计、零部件构成、产品订单、生产计划、生产制造、物流配送，杜绝整个链条中的不合理环节。与传统生产方式不同，动态配置的生产方式在生产之前，或者生产过程中，都能够随时变更最初的设计方案。

例如，目前的汽车生产主要是按照事先设计好的工艺流程进行的生产线方式。尽管也存在一些混流生产方式，但是在生产过程中，一定要由众多机械组成的生产线上才能够进行，所以不会实现产品设计的多样化。管理这些生产线的 MES（制造执行管理系统）原本应该带给生产线更多的灵活性，但是受到构成生产线的众多机械的硬件制约，无法发挥出更多的功能，作用极为有限（图 7-2）。

同时，在不同生产线上操作的工人分布于各个车间，他们都不会掌握整个生产流程，所以也只能发挥出在某项固定工作上的作用。这样一来，很难实时满足客户的需求。

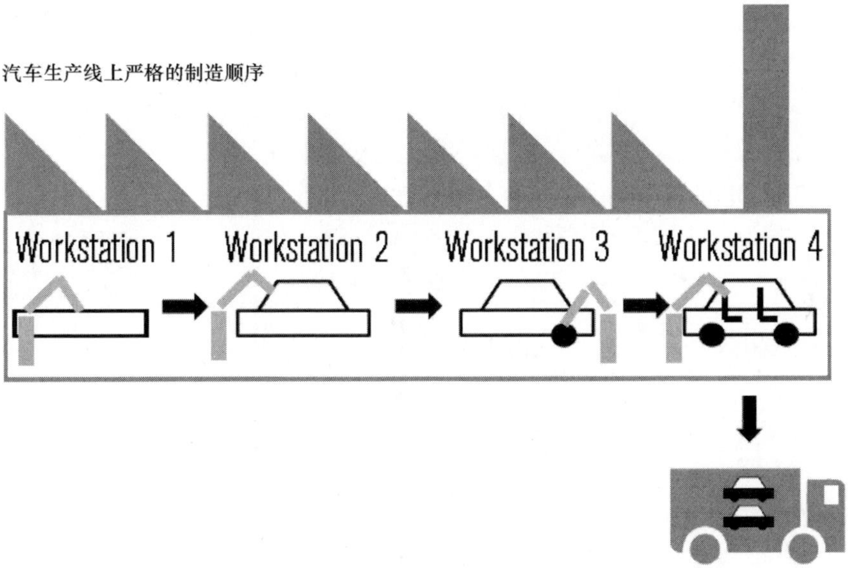

图 7-2 传统汽车生产中严格按照顺序的生产流程

资料来源：《德国工业 4.0 最终报告》（作者改译）

“工业 4.0”描绘的智能工厂中，固定的生产线概念消失了，采取了可以动态、有机地重新构成模块化的生产方式。

例如，生产模块可以视为一个“信息物理系统”，正在进行装配的汽车能够自律地在生产模块间穿梭，接受所需的装配作业。其中，如果生产与零部件供给环节出现瓶颈，能够及时调度其他车型的生产资源或者零部件，就可以继续进行生产。也就是，为每个车型自律性选择适合的生产模块，进行动态的装配作业。在这种动态配置的生产方式下，可以发挥出 MES 原本的综合管理功能，又能够动态管理设计、装配、测试等整个生产流程，既保证了生产设备的运转效率，又可以使生产种类实现多样化（图 7-3）。

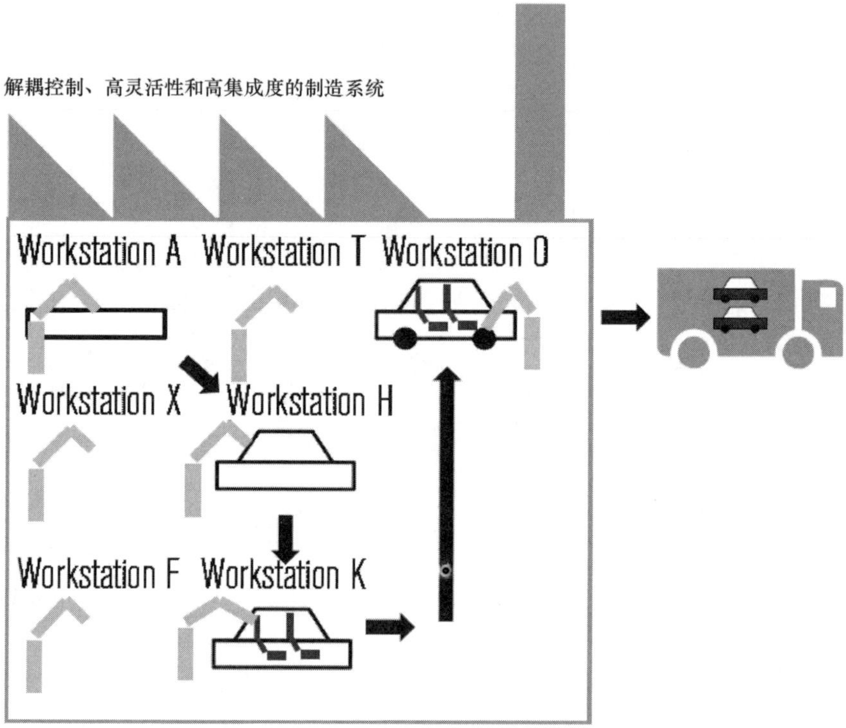

图 7-3 动态配置的生产流程

资料来源：《德国工业 4.0 最终报告》（作者改译）

第八章 关键是信息技术应用

几十年来，随着各种产品的丰富，制造业生产结构也变得更复杂、更精细。生产线和生产设备内部的信息流量，以及管理工作的信息量与日俱增，自动化系统在信息处理能力、效率和规模上都已经难以满足制造业的需求。信息技术的应用在一定程度上解决了这一难题。

当今，信息技术支撑了绝大部分的生产制造过程。全球正在出现以信息网络、智能制造为代表的新一轮技术创新浪潮。而变革的核心也是信息技术的应用。当新的形态开始进入制造业领域时，一个全新的挑战也随之开始，那就是让制造业由机械化、电气化、数字化，转向网络化和智能制造的挑战。

德国的“工业 4.0”战略中的智能制造处处与信息技术相关联。“工业 4.0”本质是基于“信息物理系统”实现“智能工厂”。在生产设备层面，通过嵌入不同的传感器进行实时感知；通过宽带网络，对整个过程进行精确控制。在生产管理层面，通过互联网技术、云计算、大数据、宽带网络、工业软件、管理软件等一系列技术构成服务互联网，实现物理设备的信息感知、网络通信、精确控制和远程协作。

“工业 4.0”时代，每一个产品将承载其整个供应链和生命周期中所需的各种信息，实现追踪溯源。每一个生产设备将由整个生产价值链所继承，实现自律组织生产。智能工厂灵活决定生产过程，不同的生产设备既能够协作生产，又可以各自快速地对外部变化做出反应……归根到底，这些都是信息技术应用的结果。

所以说，“工业 4.0”的关键技术是信息技术。信息技术在装备、管理、交易等环节的应用不断深化，推动柔性生产、智能制造和服务型制造日益成为生产方式变革的重要方向。信息技术的广泛应用，使得集成了生产经验、成熟工艺、科学方法的自动生产线加快普及，一方面大幅提高了生产效率，另一方面极大地促进了生产过程的无缝衔接和企业间的协同制造。

具体而言，包括生产设备联网实现自律协调作业的 M2M（Machine-To-Machine，机器对机器），通过网络获取大数据的应用，开发、销售、ERP、PLM、SCM 等业务管理系统与实际生产过程之间的协同（图 8-1）。在全面协同的过程中，可以说，工业软件在“工业 4.0”中被提到一个前所未有的高度。

“工业 3.0”的自动化，仅是将生产工程作为对象，对其进行信息技术的应用。“工业 4.0”将信息技术的应用对象大幅扩大。由此，工厂将不断进化升级，“工业 4.0”工作组的最终报告中称之为由物联网与服务互联网构成的“智能工厂”。其核心是智能生产模式，旨在通过物联网和服务互联网，将产品、生产设备、生产资源有机联系在一起，推动各个生产环节的数据共享，实现产品全生命周期的追踪溯源和全制造工艺流程的数字化。

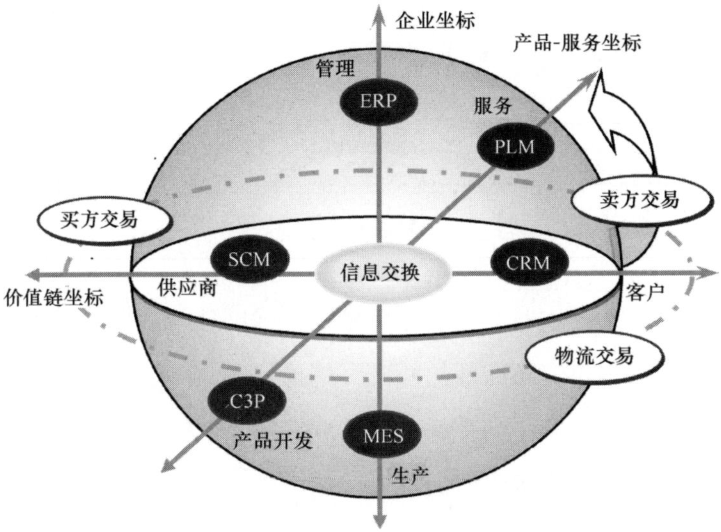

图 8-1 业务管理系统与实际生产过程之间的协同

资料来源：美国 ARC 顾问集团（作者改译）

以往，通过信息技术实现的"智能化"可在智慧城市、智能电网、智能家居、智能穿戴等服务和物品中见到。"工业 4.0"则是要实现工厂本身的智能化。除了"工业 4.0"之外，美国通用电气公司（GE）也提出过类似的概念——"工业互联网"。其主要含义是，在现实世界中，机器、设备和网络能在更深层次与信息世界的大数据和数据分析连接在一起，带动工业和网络两大革命性转变。

过去 20 年，互联网是改变社会、改变商业最重要的技术；如今，物联网的出现，让许多物理实体具备感知能力和数据传输的表达能力；未来，随着移动互联网、物联网以及云计算和大数据技术的成熟，生产制造领域将具备收集、传输及处理大数据的高级能力，使制造业形成工业互联网，带动传统制造业的颠覆与重构（图 8-2）。

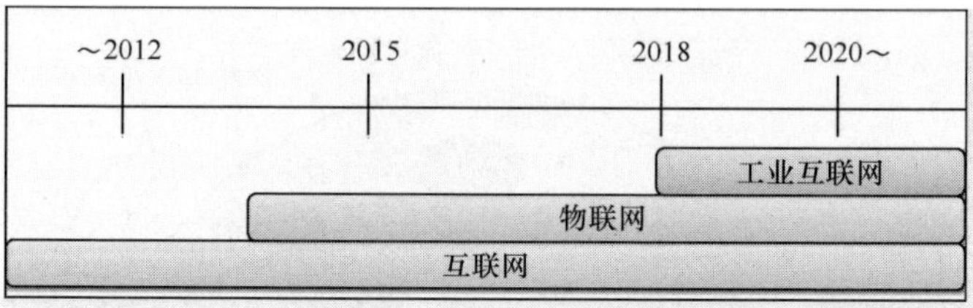

图 8-2　互联网、物联网和工业互联网的演变发展

在“工业 4.0”中，信息技术特别是互联网技术的发展正在对传统制造业造成颠覆性、革命性的冲击。信息技术的广泛应用，可以实时感知、监控生产过程中产生的海量数据，实现生产系统的智能分析和决策，使智能生产、网络协同制造、大规模个性化制造成为生产方式变革的方向。

“工业 4.0”所描绘的未来的制造业将建立在以互联网和信息技术为基础的互动平台之上，将更多的生产要素更为科学地整合，变得更加自动化、网络化、智能化，而生产制造个性化、定制化将成为新常态。

第九章 愿景是解决能源消费等社会问题

环境污染、生态破坏、资源能源日趋匮乏已经成为人类社会共同面临的严峻挑战，解决这些全球性社会问题，实现可持续发展已经成为人类的共识。为此，许多国家对工业节能减排的要求更高。“节能减排”、“绿色低碳”、“淘汰落后产能”俨然是当今社会的热门词汇。

在工业化进程中，每个国家都毫无例外地遭遇过经济发展、资源利用和环境保护之间失衡，德国亦是如此。20 世纪 60 至 70 年代的经济增长称为德国的“经济奇迹”。德国走出战争的废墟，跻身世界经济强国之列，但同时也破坏了自然环境，以煤炭和钢铁为中心的鲁尔区污浊的空气令民众呼吸困难，雾霾也成为那时的普遍现象。因此，自 20 世纪 70 年代以来，节能减排成为德国发展工业经济的一项基本国策。

资料显示，自 1994 年起，德国政府把科技政策的支持重点集中在发展环境保护技术和能源技术上，并且出台了很多新的能源和环境政策，旨在促进经济发展和环境保护的和谐。20 世纪 90 年代以来，德国的能源消耗在经济增长的同时不断下降，逐步解决了工业化过程中的污染问题，环境质量得到明显改善，实现了经济发展模式的转变。尽管如此，根据德国能源署的数据显示，2010 年工业占德国总能耗的比率仍然高达 16%（图 9-1）。

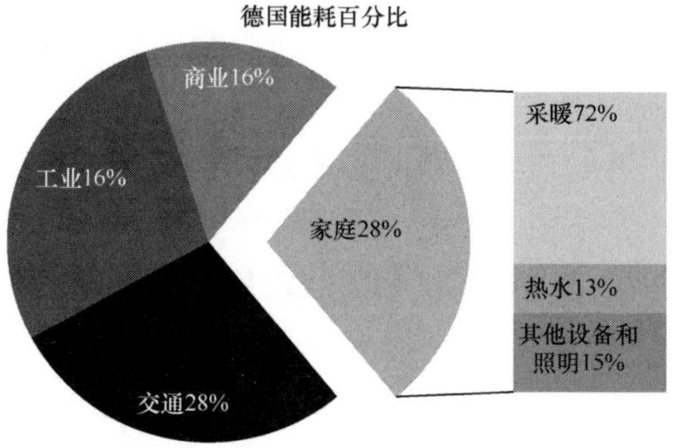

图 9-1　2010 年德国的能耗分布图

数据来源：德国能源署，2010

德国是欧洲国家中节能减排法律框架和促进低碳经济政策最完善的国家之一。近年来，德国政府极其重视节能减排和低碳发展，在超额完成《京都议定书》规定的温室气体减排量的基础上，还提出了高于《京都议定书》和欧盟要求的减排目标。但是，尽管如此，作为制造业大国，德国仍是欧盟工业国家中遥遥领先的耗能大国，煤炭消耗量位列全球第四，石油、天然气消耗量排名全球第六。所以，德国政府，尤其是工业部门一直以来积极致力于解决环境与能源等全球性问题。

为此，德国制造业从设计前端开始就保证了产品的质量和符合顾客的要求，在生产过程中提高能源效率，并降低了各种生产成本，把技术革新放在重要的位置。德国产品的质量很高，以产品的全寿命周期来计算，能耗和碳排放都很低。这就保证了德国制造工业的强有力的竞争性，能对其他国家构成竞争力。德国的制造业生产力处于世界领先地位，在制造业中，德国始终抓好思维创新、技术创新、质量保障、服务顾客等重要因素，因此从单个产品的能源消耗和碳排放来讲也是最低的。

在“工业 4.0”战略中，也体现了德国政府对环境与能源问题的重视。“工业 4.0”用一个词来描述就是“智能工厂”，通过互联网等通信网络，使工厂内外的物品与服务相互合作，产生前所未有的价值，形成全新的业务模式，从而，它也将有助于解决各种社会问题。

随着工厂的智能化，不仅能够大幅提升生产效率，还能够解决现代社会的各种问题。例如，能源消费问题。通常，工厂在生产间歇期间，为了确保生产设备处于随时可以运转状态，消费着大量能源。未来，如果能够根据工厂的实际作业情况，实时对能源供给进行调整，就能够总体上减少能源消费。

在制造业生产过程中采用了大量的大功率用电设备，由于生产设计能力与实际能力、工艺及生产管理之间往往存在一定的变化，所以部分设备运行效率低下，存在巨大的节能空间。在“工业 4.0”中运用信息化手段，从收集和分析能耗信息、识别问题、管理运营和改变耗能不良习惯等四个环节，实现了能耗的科学管理（图 9-2）。

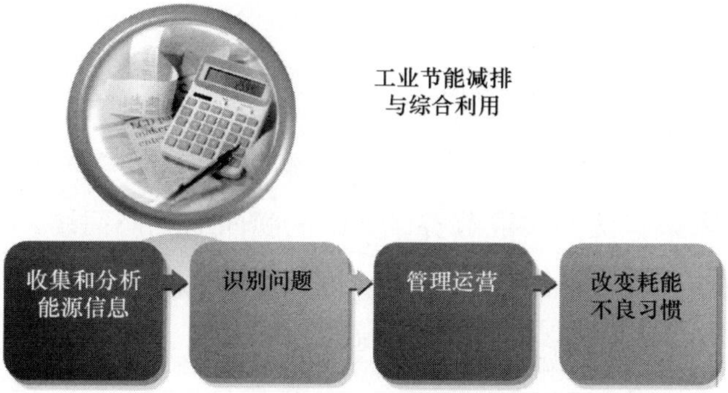

图 9-2 “工业 4.0”中的工业节能减排

（一）收集和分析能源信息

只有通过对设备自身的行为监测，才更有可能对设备能耗做出调整。只有通过密切关注能源的消耗情况，才更有可能实现节省的途径。在“工业 4.0”中利用电气能源管理系统对工厂各个车间的配电系统进行监控和管理，通过实时收集能耗数据和各个设备的能耗信息，来进行分析并改善那些浪费能源的行为。

（二）识别问题

通过能耗的可视化管理，让工厂管理人员能够简单清晰地得到所需要的信息。从而可以迅速找到电力和能源方面的异常情况，避免设备和生产线的停机，并支持可持续发展计划。

（三）管理运营

通过持续地对能耗信息进行收集和分析，以及识别问题，从而有能力对可用性、负载情况、能源间歇和能源消耗进行实时的测量。并按照工厂计划生产，根据需要实时做出调整，确保所有的配电设备都在最优效率的状态下运行。

（四）改变耗能不良习惯

利用可视化软件，工厂工人更容易看出能源在哪些地方被浪费，以及可以在哪些地方实现节省。无论是晚间的生产间歇，还是周末的生产间歇，甚至分时段驱动的电机和设备，能源管理系统都可以对这些工厂节能减排举措提供建设性的支持，从而改变耗能的不良习惯。

此外，在“工业 4.0”的报告中还列举了工作与生活平衡的问题。目前，工人通常是到工厂上班，在车间操作机械设备，到点下班回家。未来，通过信息技术的应用，能够远程操作机械设备，就无须每天都上下班，这不仅减少交通拥堵和汽车尾气排放，而且员工也能够在安全、舒适的场所工作。也就是，智能工厂还能够提高工人的生活质量。

第十章　最终用意是标准化

在制造业领域，标准决定产品、市场已成为不争的事实。随着经济全球化趋势的加快，国际贸易的迅速发展，标准的作用更加突出，尤其是国际标准已成为进军全球市场的不可或缺的准入证。在这一背景之下，制造业的技术标准一定程度上是技术潮流和市场未来的代言人，世界各国之间的制造业技术的标准化竞争不断加剧。显然，谁先在标准上占据优势，谁就能在国际市场上占有一席之地。

（一）标准在制造业发展过程中起到重要的基础作用

其实，标准的起源和发展很大程度上与制造业发展历程紧密相关。在传统工业化的大规模生产制造时代，技术成熟、产品定型之后，开始制定标准，标准成为了技术水平和产品的记录，这种形式保证了制造业的巩固发展（图 10-1）。

以工业标准化为代表的近代标准化就是伴随着蒸汽机的发明和 18 世纪中期的产业革命而产生和发展的。标准作为一种特定的技术规范或技术准则，对于一种产品或一项服务，在产品种类、生产批量、产品功能、产品特性、产品使用寿命、产品使用可靠性、制造方式、成本价格、质量水平、检测方法与手段、评定与认证方式等方面均起着限定与制约的作用。可以说，在传统的工业时代，标准作为组织现代化生产的重要技术基础和互换性保证，在制造业的发展中起着重要基础的作用。

图 10-1 标准在制造业发展过程中起到重要的基础作用

信息技术的发展使得全世界的制造业向着全球化发展，制造业的资源配置由本国范围扩大到世界范围，生产全球化、融资全球化、服务全球化和研发全球化，也导致制造业在全球范围重新分布和组合。制造业的全球化发展，要求标准的统一与协调。只有标准化才能够将人力资源、物料资源、信息资源融合成一个协同制造的整体，实现制造业企业整个生产过程的有序化，从而获得更多的经济效益。

市场的多样化和个性化，使用户对制造业产品需求从单纯的满足基本应用功能的要求向重视个性化需求方向发展，并且要求制造业不仅提供适应定制目标和短时间交货的产品，而且还要能够提供产品全生命周期的延续和服务保证，产品的内涵从单一的实物延伸到为用户提供全面解决方案。在瞬息万变，消费者需求个性化、多样化的市场环境中，只有通过标准，进行简化、优化和统一化，才能形成各种标准化模块，为产品的大规模定制奠定基础。

（二）标准对未来制造业的意义

可以说，自工业革命以来，标准一直发挥着重要的作用。标准化让代表规模经济的大批量生产得以实现，标准化让市场公平有效地进行交易。标准已经成为制造业中普遍的基础设施，广泛而深刻地影响着以技术为基础的工业经济。

在传统制造业中，标准作为技术规范的参考体系，或者作为不同技术间相互比较的工具，相互兼容的接口，其功能主要体现在信息提供上，减少复杂多样性和不匹配等传统范畴。但是在“工业 4.0”时代，随着制造业互联网化，或者工业互联网化，多数产品具有显著的网络效应和锁定效应，所以，标准也已经不再局限于那些传统的功能，标准中的兼容性和互用性功能开始显得至关重要。

◆ 网络效应分为直接网络效应和间接网络效应。资料显示，直接网络效应是指同一市场内用户之间的相互依赖性，即使用同一产品的用户可以直接增加对方的效用。间接网络效应主要产生于基础产品与辅助产品之间技术上的互补性，这种互补性又导致了两种产品之间的相互需求。在存在网络效应的市场里，标准扮演着一个重要的角色。一方面，标准能够增强用户的信心；另一方面，标准可以减少未来市场的不确定性。因此能够使新产品快速推广，从而实现规模效益递增。

◆ 锁定效应是指用户一旦选择某种厂商的产品，即发生各种效用的沉淀并形成专用性资产，以致于将来更换厂商时将会产生较大的成本损失。据有关专家研究，在网络产品的使用过程中，用户形成的专用性资产除了购买网络产品所形成的沉淀支出外，还有使用网络产品所形成的个人效用和社会效用等。考虑到转换厂商将导致较大风险，所以用户一般不会轻易改变其所属厂商。锁定效应限制了用户的流动，这些被锁定的用户都会支持掌握着既定标准的主流厂商。这样，在条件不变的情况下，其他厂商的最优选择只能是追随主流厂商的标准。锁定效应的存在使掌握标准的企业一定程度地强化了自身的垄断力量。

正是由于标准化经济效应的存在，产业领先企业之间的技术标准之争往往十分激烈，因为如果能在标准竞争中脱颖而出，就会极大地改善和增强企业的市场地位和竞争优势。

（三）争夺国际标准主导权

随着世界经济一体化的进展，国际标准对各国产业的国际竞争的影响越来越大。如果某一项具有战略性的技术标准被国际性的标准化组织承认或采纳，往往可以带来极大的经济利益，甚至能决定一个行业的兴衰，并影响国家的经济利益。在这种形势下，发达国家一直投入大量精力和时间放在国际标准化活动上，不遗余力地把本国标准变成国际标准，谋求长期控制国际标准化的技术大权（图 10-2）。

图 10-2　世界各国争夺国际标准主导权

◆ 欧盟在已获取诸多国际标准竞争成果的基础上，进一步推行国际标准化战略，仍然实施“控制”战略，期望继续把控国际标准的制高点。欧盟标准化战略强调进一步扩大欧洲标准化体系的参加国，统一欧盟各国在国际标准化组织中的标准化提案。欧盟利用其本身的基础条件，希望在国际标准化活动中谋求欧洲的地位，加强欧洲产业在世界市场上的竞争力。

◆ 美国凭借强大的经济实力和技术能力，在控制现有标准的领导权的基础上，实施“争夺”战略，全力争夺国际标准的制高点。美国通过与更多国家的政府标准化机构和标准化社会团体组建联盟，不断制定反映美国企业技术的国际标准。美国在 ISO（International Organization for Standardization，国际标准化组织）、IEC（International Electrical Commission，国际电工委员会）的几个重点技术领域长期承担领导工作，积极参加各种国际标准化活动，努力制定出反映美国企业技术的国际标准。

◆ 日本则依靠强大的经济实力和技术能力，实施“赶超”战略，拼命赶超美国、欧盟，谋求国际标准的制高点。日本也长期在 ISO、IEC 中发挥着重要作用，不仅积极参加 ISO、IEC 国际标准的审议，充分反映本国产业界的意见，还积极扶持本国企业提出可能获得世界市场的、技术领先的、具有战略性的国际标准提案。此外，为了创造良好的参加国际标准化活动的环境，日本还建立了跨企业、跨行业的国际标准推进体制，促进国内产业界参与国际标准化活动。

（四）“工业 4.0”对标准的高度重视

众所周知，标准是影响制造业市场竞争力的必要条件，企业组织生产标准化程度，产品应用技术标准的高低，直接影响了制造业企业的市场竞争力。

所以，标准已成为了市场利益的指导者，已经成为新的技术壁垒，标准之争的后面是市场利益的争夺。制造业的技术标准是影响制造业市场竞争的重要因素，标准的制定，要以提高市场竞争力为出发点，标准的管理体制、运行机制和标准体系，也要向市场型转移。对于高新技术而言，标准更是竞争的制高点。尤其是在知识经济时代的今天，往往是标准先行，世界范围内的技术标准竞争变得越来越激烈，谁制定的标准为世界所认同，谁就会从中获得巨大的市场和经济利益（图 10-3）。

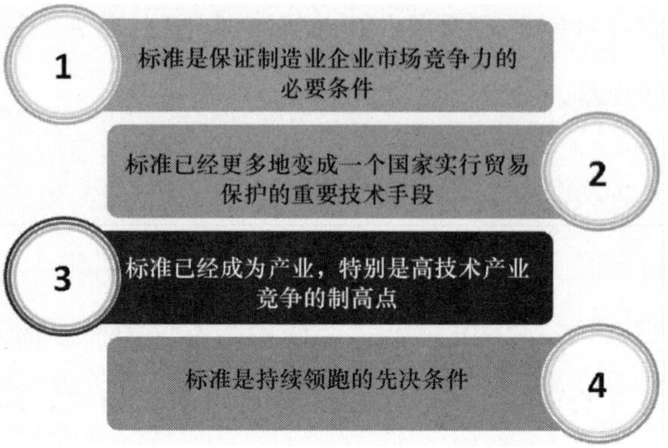

图 10-3 “工业 4.0”对标准高度重视的原因

◆ 标准是保证制造业企业市场竞争力的必要条件。现代制造业离不开标准化，标准化是现代制造业企业以高质量、低成本、高速度开发新产品，并占领市场，在市场竞争中求生存发展的基础保障。

◆ 标准已经更多地变成一个国家实行贸易保护的重要技术手段。标准是人类社会的一种特定活动，已经从过去主要解决产品零部件的通用和兼容问题，正在更多地变成一个国家实行贸易保护的重要壁垒，即所谓非关税壁垒的主要形式。

◆ 标准已经成为产业，特别是高技术产业竞争的制高点。实施标准化战略是实现这一宏伟发展目标的必然抉择和迫切要求。主要体现：标准化是促进自主创新的基础及平台。标准是技术积累的结晶，标准化能够提高技术创新效率、促进技术创新快速扩散，是实现自主知识产权利益最大化的有效手段。

◆ 标准是持续领跑的先决条件。通过产业技术标准的选择机制，企业技术能力将沿着产业技术标准规定的轨道发展。也就是说，与产业技术标准相容企业的技术能力才具有可持续性，而与产业技术标准不相容企业的技术能力将不可避免地面临排除在外的影响。

德国工业影响力的一个侧面就是“标准化”。PLC 编程语言的国际标准 IEC 61131-3（PLC Open）主要都来自德国企业；通信领域普及的 CAN、Profibus 以及 EtherCAT 也全都诞生于德国。“工业 4.0”工作组认为，推行“工业 4.0”需要在 8 个关键领域采取行动。其中第一个领域就是“标准化和参考架构”。标准化工作主要围绕智能工厂生态链上各个环节制定合作机制，确定哪些信息可被用来交换。为此，“工业 4.0”将制定一揽子共同标准，使合作机制成为可能，并通过一系列标准（如成本、可用性和资源消耗）对生产流程进行优化。

以往，我们听到的大多数是“产品的标准化”，而“工业 4.0”将进一步推广“工厂的标准化”，借助智能工厂的标准化将制造业生产模式推广到国际市场，以标准化提高技术创新和模式创新的市场化效率，继续保持德国工业的世界领先地位。

2014 年 7 月 6 日至 8 日，“工业 4.0”工作组的众多成员随同德国总理默克尔访华，相信除了交流智能工厂、自动化生产模式的经验之外，恐怕其最终用意还是为了推广德国的模式、概念以及标准，以便未来拿到更大、更多的订单。

据媒体报道，2014 年 3 月份习近平总书记访问德国前，曾在当地媒体撰文提及德国的“工业 4.0”战略。目前工业和信息化部等部委也正在借鉴德国经验，编制《中国制造 2025》，力求促使中国成为工业强国。可以说，德国“工业 4.0”受到了空前的重视，但是如何借鉴“工业 4.0”，尤其是“工业 4.0”中的标准化问题，值得我们深入思考。

第三篇　“工业 4.0”背后的秘密

第十一章　美、德的制造业回归现象

第十二章　以电子商务模式区分美、德制造业

第十三章　“工业 4.0”抗衡美国

第十四章　“工业 4.0”压制中国制造业

美、德两国是制造业大国，在先进制造业方面拥有绝对优势。新工业时代，美国推出“制造业回归”战略，德国推出“工业 4.0”战略，可以说，两国在制造业上争相发力，但目的都是期望抢占未来制造业的主导权。

第十一章 美、德的制造业回归现象

“再工业化”是相对于“去工业化”而言的。对于去工业化，存在两条思路来理解，一条是基于国际分工，一条是基于制造业服务化。从国际分工角度来看，去工业化是指由于某一发达国家或地区生产成本的上升，导致其传统制造业和相应的工作机会纷纷转移到其他生产成本更低的国家或地区；从制造业服务化角度来看，去工业化意味着发达的工业化国家或地区的传统制造业逐渐走向衰落，而通过服务化获取更大效益，带来巨大增长。

随着发展中国家劳动力成本和管理成本不断上升，美国、德国的一些知名跨国公司相继加入回流大潮，纷纷把生产线转移回国内。对于美国、德国来说，通过制造业回归，能够完善国内生产经营环境，降低生产成本，充分利用国内外资金，强化创新能力，改造传统制造业和发展新兴产业，重振制造业体系，增加出口和就业。“再工业化”将通过不断吸收、运用高新技术成果，发展先进制造业，来重构实体经济。回归实体经济是对去工业化下社会资本过度脱离实体产业的反思，重新审视制造业的价值，但并非传统制造业的简单回归。“再工业化”目标的实现，更需要有突破性的科技成果的支撑，也就是有着新兴技术与产业引领的新一轮科技与产业革命的出现背景。此外，通过“再工业化”向实体经济回归，并不意味着降低服务业的经济地位。恰恰相反，随着先进制造业的发展，服务业亦将在制造业带动下得到升级转型，特别是现代生产性服务业更有赖于制造业向高端化转型，最终实现制造业与服务业的融合。

自 2008 年金融危机爆发以后，美国经济遭受重创，奥巴马政府于 2009 年年底启动“再工业化”发展战略，同年 12 月公布《重振美国制造业框架》；2011 年 6 月和 2012 年 2 月相继启动《先进制造业伙伴计划》和《先进制造业国家战略计划》，并通过积极的工业政策，鼓励制造企业重返美国，意在通过大力发展国内制造业和促进出口，达到振兴美国国内工业，进而保证经济平稳、可持续运行的目的。可以说，美国在国际金融危机后提出“再工业化”，意在夺回美国制造业在世界的优势。“再工业化”不是原有工业化的重复，而是把高新技术注入制造业，形成美国制造业的优势。美国“再工业化”是要全面振兴国家制造业体系，大幅增加制造业产出和出口，以求扩大就业、优化产业结构，提升硬实力，实现“经济中心”的回归，并进一步巩固其全球领导地位。

“再工业化”，不是传统意义上的制造业回归，它将催生一种新的生产方式，而带有定制特征的智能设备被普遍应用将成为一大趋势。美国新形势下“再工业化”战略的提出就是一种基于国家战略层面上的制度创新，也是一个制度创新与技术创新的持续互动过程。通过“再工业化”，一方面，积极深化计算机、汽车、航空，以及为大企业配套的机械、电子零部件等现有高端制造业发展；另一方面，大力发展清洁能源、医疗信息、航天航空、电动汽车、新材料、节能环保等新兴产业，并试图带动传统制造业的发展，引领世界新一轮产业革命，以确保在21世纪里持续保持全球竞争优势。

2012年3月，奥巴马提出投资10亿美元，创建15个“美国国家制造业创新中心网络计划”（NNMI），以重振美国制造业竞争力。2013年1月，美国总统办公室、国家科学技术委员会、国家先进制造业项目办公室联合发布《制造业创新中心网络发展规划》。在2012年8月以来，美国已经成立了4家制造业创新中心，这些中心涉及的相关技术和产业有望成为未来制造业的发展方向。

德国作为制造业大国，于2013年4月开始实施“工业4.0”的国家战略，希望在未来制造业中的各个环节应用互联网技术，将数字信息与现实社会之间的联系可视化，将生产工艺与管理流程全面融合。由此实现智能工厂，并生产出智能产品。“工业 4.0”在德国被认为是第四次工业革命，旨在支持工业领域新一代革命性技术的研发与创新，保持德国的国际竞争力。制造业在德国的国民经济占26%，作为提升传统制造业的战略发展方向，实施“工业4.0”是德国政府顺应全球制造业发展新趋势，推进智能制造新模式的客观要求。

第十二章　以电子商务模式区分美、德制造业

B2B 是 Business-to-Business 的缩写，在电子商务领域是指企业对企业之间的营销关系。企业通过 B2B 网站平台与企业客户紧密结合起来，通过网络的信息展现与快速反应，实现商务交易。

B2C 是 Business-to-Customer 的缩写，在电子商务领域是指企业对消费者之间的营销关系，也就是通常说的商业零售，直接面向消费者销售产品和服务。企业通过互联网为消费者提供一个新型的购物环境——网上商店，消费者通过网络在网上购物、在网上支付（图 12-1）。

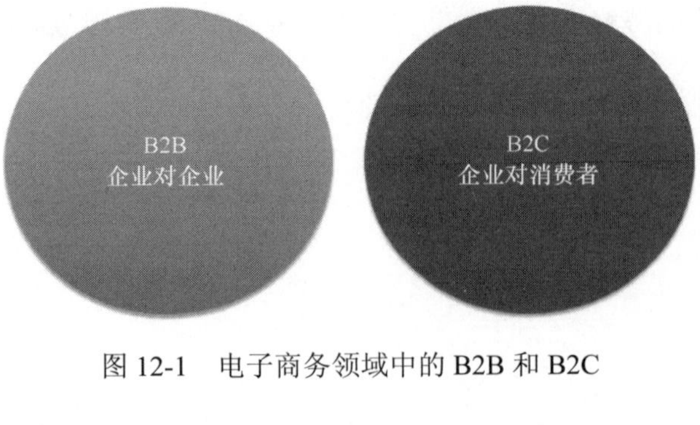

图 12-1　电子商务领域中的 B2B 和 B2C

B2B 模式使企业之间的交易减少许多事务性的工作流程和管理费用，降低了企业经营成本。网络的便利及延伸性使企业扩大了活动范围，企业发展跨地区、跨国界贸易更加方便，成本更加低廉。

B2C 模式在网上将信息流、资金流、商流和部分的物流完整地实现连接。B2C 电子商务以完备的双向信息沟通、灵活的交易手段、快捷的物流配送、低成本高效益的运作方式等在各行各业得到了广泛应用。

德国是一个以机械行业为支柱的制造业大国。德国企业主要通过企业对企业之间的交易，在固定的零部件和机床领域占据较大的市场份额。作为高福利国家，德国由于纳税和社会保险较高，人工成本也相对较高。为此，德国企业专注于价格竞争危险系数较低、附加值较高的领域，才获得了成功。相反，在手机、电视、纺织产品等价格竞争激烈的领域，德国企业很少涉足。

而美国则在面向大众消费商品的业务智能化，以及迎合互联网用户偏好的大数据应用方面处于领先地位。例如，通过网上购物、精准的互联网广告等向消费者推销能让消费者本身感兴趣的书籍的做法，其实就是美国企业利用互联网，搜集消费者上网行为以及偏好数据，通过人工智能方法对数据进行挖掘，才做到了向消费者精准推荐商品的智能商务。目前在商务领域应用互联网和人工智能最广泛的是美国企业。推进智能业务最先进的是 Amazon、Google、Facebook 等美国企业。

就在大家认为美国互联网巨头的人工智能和大数据技术只是进一步提升互联网应用的时候，美国的互联网巨头却悄然利用人工智能和大数据技术进军到了工业领域。Google 收购机器人公司，令全球制造业的未来充满了变数。Google 收购策略变化的背后是其对未来发展新的定位和布局，这种改变不仅将给机器人研制、生产带来巨大变化，而且很可能带动未来制造业的变革。

Google 并购策略在近两年发生了方向上的大转折。与以往主要收购从事信息技术和服务开发公司不同，近两年来，Google 收购了多家机器人公司，其收购策略变化的原因和影响值得深思。收购策略转变凸显 Google 进军现实世界的战略意图。Google 希望通过整合网络技术、软硬件技术、机器人技术和人工智能等，实现信息技术与物理世界的充分融合，进而将业务从网络世界拓展到人们生活的各个领域。从 Google 收购机器人公司的产品看，涵盖仿真机器人、工业机器人、特种机器人和开发机器人必要的技术和系统，加上此前 Google X 团队正全力开发的无人驾驶汽车等产品，未来 Google 机器人可适用于交通运输、制造业、物流等人类生产、生活的多个领域。

这些业务的延伸，加上 Google 本身信息网络技术的优势，使得 Google 完全可以打造一个“智能化现实社会网络”。由人工智能系统管理汽车、家电等人类主要生活用品，由机器人进行生产、物流配送和为人们提供各类现实社会服务。这样一来，无疑会大幅提高生产效率、生活效率和社会运转效率。

对于 Google 来讲，一方面，可以从“智能化现实社会网络”获取的大数据中分析出消费者的潜在需求，进而开发出更能迎合消费潜力的产品，这也将使搜索引擎获得更多的广告机会。另一方面，一旦消费者和生产领域对 Google 的智能化服务产生依赖，Google 就可能实现跨网络世界和物理世界的“主宰”。

此外，美国通用电气、思科、Intel、AT&T 在 2014 年 4 月上旬成立了“工业互联网联盟（IIC）”。种种迹象表明，美国未来将大力发展工业领域的智能业务。也就是，美国企业开始不再甘心满足于企业对消费者（B2C）的数字化商业领域，而是开始涉足企业对企业（B2B）的商业领域。然而 B2B 是德国企业最擅长的领域。美国一旦大规模进军工业的现实物理世界，必将对市场形成控制，德国的竞争力也将随之大幅降低。

第十三章 “工业 4.0”抗衡美国

“工业 4.0”从一个侧面体现出德国对美国的危机感和极高的竞争意识。CPU、操作系统、软件以及云计算等网络平台几乎都由美国掌控霸权。近两年来，Google 开始进军机器人领域、研发自动驾驶汽车；Amazon 进入手机终端业务，开始实施无人驾驶飞机配送商品……美国互联网巨头正在从“信息”领域加速进入“物理”业务领域（图 13-1）。显而易见，这一趋势对制造业的破坏性影响只是时间问题，因此，德国产生了前所未有的危机感。

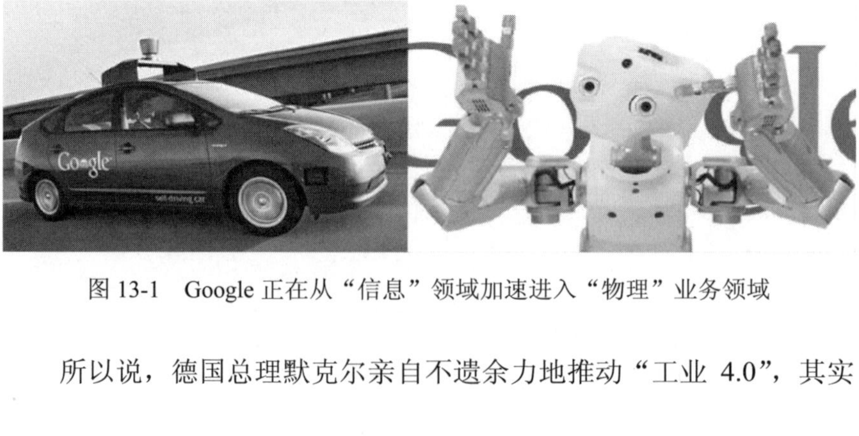

图 13-1 Google 正在从“信息”领域加速进入“物理”业务领域

所以说，德国总理默克尔亲自不遗余力地推动“工业 4.0”，其实还有其背后的用意——德国政府在未来的科技战略中之所以最重视“工业 4.0”是因为与美国的竞争。

新一代信息通信技术的发展，催生了移动互联网、大数据、云计算、工业可编程控制器等的创新和应用，推动了制造业生产方式和发展模式的深刻变革。在这一过程中，尽管德国拥有世界一流的机器设备和装备制造业，尤其在嵌入式系统和自动化工程领域德国更是处于领军地位，但德国工业面临的挑战及其相对弱项也显而易见。一方面，机械设备领域的全球竞争日趋激烈，不仅美国积极重振制造业，亚洲的机械设备制造商也正在奋起直追，威胁到德国制造商在全球市场的领先地位。另一方面，互联网技术是德国工业的相对弱项。为了保持作为全球领先的装备制造供应商以及在嵌入式系统领域的优势，面对新一轮技术革命的挑战，德国推出“工业 4.0”战略，其目的就是充分发挥德国的制造业基础及传统优势，大力推动物联网和服务互联网技术在制造业领域的应用，形成信息物理网络（CPS），以便在向未来制造业迈进的过程中先发制人，与美国争夺新一轮工业革命的话语权。

美国是利用互联网优势，向未来制造业进化。德国是基于制造业基础，向未来互联网融合。

实施“工业 4.0”战略是积极应对新一轮工业革命，争夺国际竞争力和话语权的重要举措。为此，德国的“工业 4.0”战略详尽描绘了信息物理系统（CPS）的概念。希望利用 CPS 系统，开创新的制造方式，通过传感器物联网紧密连接物理现实世界，将网络空间的高级计算能力有效运用于现实世界中，从而实现“智能工厂”，使得在生产制造过程中，设计、开发、生产有关的所有数据都将通过传感器采集并进行分析，形成可自律操作的智能生产系统。

从某种意义上说，“工业 4.0”是德国希望阻止信息技术不断融入制造业之后带来的支配地位。一旦制造业各个环节都被云计算接管，那么制造业还是制造业吗？所以，“工业 4.0”希望用“信息物理系统”升级“智能工厂”中的“生产设备”，使生产设备因信息物理系统而获得智能，使工厂成为一个实现自律分散型系统的“智能工厂”。那时，云计算不过是制造业中的一个使用对象，不会成为掌控生产制造的中枢。

第十四章 “工业 4.0”压制中国制造业

近年来，从中国机械产业的高速增长中，德国看到更多的是“德国制造”自身的危机（图 14-1）。除了抗衡美国之外，德国“工业 4.0”还意在对中国的压制。

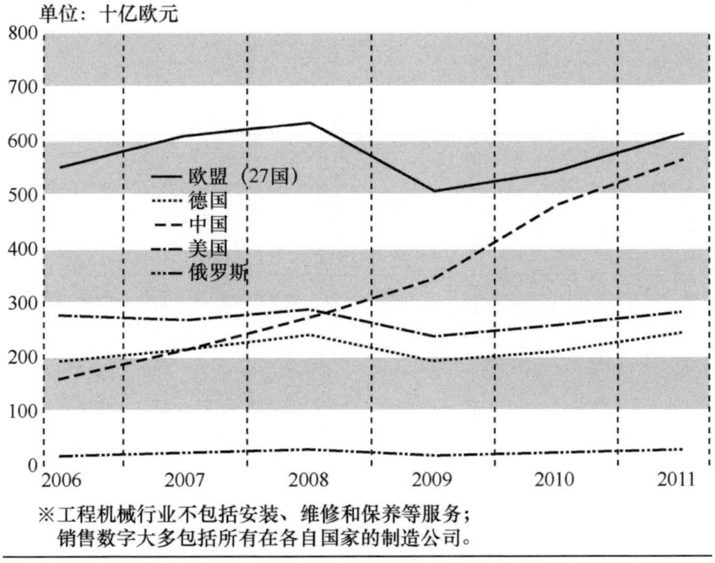

图 14-1 中国机械产业的高速增长

资料来源：《德国工业 4.0 最终报告》（作者改译）

数据显示，德国以 16%的份额占据 2013 年在全球机械出口首位，中国以 11%份额，略低于美国，位于全球第三。同时，在全球设备制造业的 32 个子行业中，中国已经在 7 个子行业中取得了领先地位。更有甚者，美国波士顿咨询公司的一篇相关分析报告曾提出警告："欧洲机械制造商必须意识到，竞争环境已经改变，必须对越发明显的威胁做出反应，否则他们将被来自中国咄咄逼人的挑战者打倒。"由此，德国《世界报》网站在 2014 年 3 月 27 日报道称"中国机械制造业严重威胁德国！"

2014 年 6 月 24 日，德国机械设备制造业联合会（VDMA）在日本东京举行发布会，介绍了德国机械制造行业的情况。德国机械设备制造业联合会拥有 120 多年的历史，涵盖机床工业联合会、机器人工业联合会等 38 个工业联合会，是德国横跨各个机械产业的庞大社团组织。德国机械设备制造业联合会也是搭建"工业 4.0"平台参与者，而且是实施德国"工业 4.0"战略的重要牵头组织之一。

据日本媒体报道，当天，德国机械设备制造业联合会主席莱因霍尔德·菲斯特格（Reinhold Festge）旗帜鲜明地指出："日本和德国的机械制造企业应该为确保长期发展和经济上的成功进行深入合作。尤其在有交叉的一些产品领域，两国应该携手面对中国的挑战"。从中，德国对中国制造业的防备之心已显而易见。

或许有专家认为，"工业 4.0"不过是德国的一项高科技领域的国家战略，主要是在高端制造技术上对抗美国，跟主要以低端制造为主的我国没有多大关系。因此，我国也没有必要对"工业 4.0"采取应对策略。但是，从德国对中国制造业未来发展的防备心态来看，对于"工业 4.0”，我们一定要借鉴，也要采取应对策略。

一方面，对于德国“工业 4.0”，我们应该深入研究，参考借鉴。“工业 4.0”是德国举国实施的全球市场运动，我们应该搭乘这辆便车。借势借力，在德国推广“信息物理系统”过程中，通过学会生产制造过程与业务管理系统的深度集成，实现对生产要素的高度灵活配置，实现大规模生产高度定制化产品。从而让制造业紧跟时代趋势，提前迈向智能化，以适应未来的国际竞争。

另一方面，在《中国制造 2025》中应涵盖应对策略。据媒体报道，工业和信息化部正联合发改委、科技部和国资委等多个部门，并与中国工程院一起研究起草的制造业中长期规划——《中国制造 2025》，将阐述未来十年中国工业发展的整体理念。我国一直是制造大国，却不是制造强国。在《中国制造 2025》中，应充分考虑到德国“工业 4.0”带来的冲击和潜在竞争因素。“工业 4.0”来了，物联网、服务互联网将取代传统封闭性的生产制造系统，成为未来工业的根基。而在物联网、服务互联网等信息产业领域相对落后的我们，未来还有没有成为制造强国的机会？

第四篇　中国版“工业 4.0”畅想

第十五章　中国制造业的优势与劣势

第十六章　中国制造业的机遇与挑战

第十七章　从“制造”到“智造”的升级

第十八章　中国制造业从“工业 3.0”到“工业 4.0”的产业路线图

“工业 4.0”与目前工业和信息化部推广的“两化融合”战略大同小异。因此，德国与中国在这一方面有了很多“共同语言”，这或许对于中国企业是一个很好的机会，也可能是中国制造业转型升级的一个重要机遇。

第十五章　中国制造业的优势与劣势

制造业是国家经济的命脉。没有强大的制造业，一个国家将无法实现经济快速、健康、稳定的发展，劳动就业问题将日趋突显，人民生活难以普遍提高，国家稳定和安全将受到威胁，信息化、现代化将失去坚实基础。世界上的工业发达国家的制造业在国民经济中的重要作用皆是如此。分析目前美国的产业结构，尽管服务业对国民经济贡献的比例很高，但制造业对国民生产总值的直接贡献始终超过 20%，拉动经济增长率 40%。日本政府也认为，日本的高速经济增长是以制造业为核心进行的。可以说，制造业对于一个国家现代化建设具有不可替代的重要地位和作用。

（一）劣势

虽然我国已经是制造业大国，但我们应该清醒地看到，我国制造业“大而不强”，与制造业强国仍有较大差距。在快速发展中也存在很多问题，其中有些还是带有根本性的，与发达国家相比仍存在较大的劣势（图 15-1）。最主要的问题表现在：

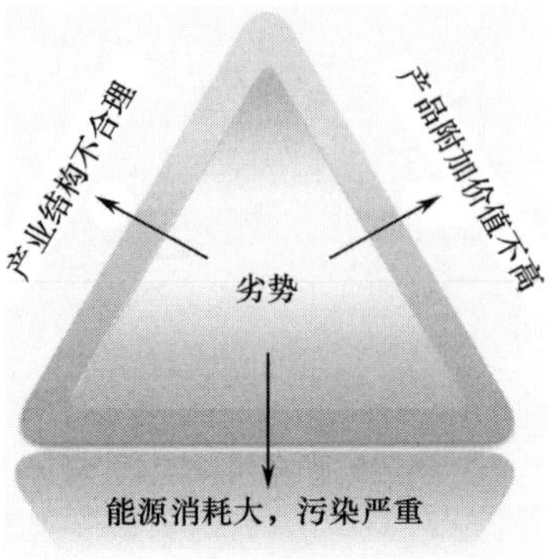

图 15-1　中国制造业的劣势

- 产业结构不合理。从生产角度看，表现为低水平下的结构性、地区性生产过剩，又表现为企业生产的高消耗、高成本；从组织角度看，目前我国各类产业的一个普遍现象是分散程度较高，集中度较低；从技术角度看，在基础原材料、重大装备制造和关键核心技术等方面，与世界先进水平还存在较大差距。许多重要产业对外技术依存度高，自主开发能力弱，许多核心技术受制于人，在激烈的国际竞争中显得不太适应。
- 产品附加价值不高。由于缺乏自主和知名品牌，2009 年数据显示，我国 90%左右的出口商品属于代工生产或者贴牌生产，产品增加值只相当于日本的 4.37%、美国的 4.38%、德国的 5.56%。

2011 年年底，美国学者发布了一份名为《捕捉 Apple 全球供应网络利润》的报告，其中针对 iPhone 手机利润分配的研究显示，2010 年 Apple 公司每卖出一台 iPhone，就独占其中 58.5%的利润；除去主要原料供应地占的利润分成，其他利润分配依次是：未归类项目占去 4.4%，非中国劳工占去 3.5%，Apple 公司以外的美国从业者获得 2.4%，中国大陆劳工获得 1.8%，欧洲获得 1.8%，日本和中国台湾各获得 0.5%（图 15-2）。正因为在价值链中没有技术含量可言，尽管付出强劳动力，其背后的获得却是最底层的、少之又少的微薄利润。

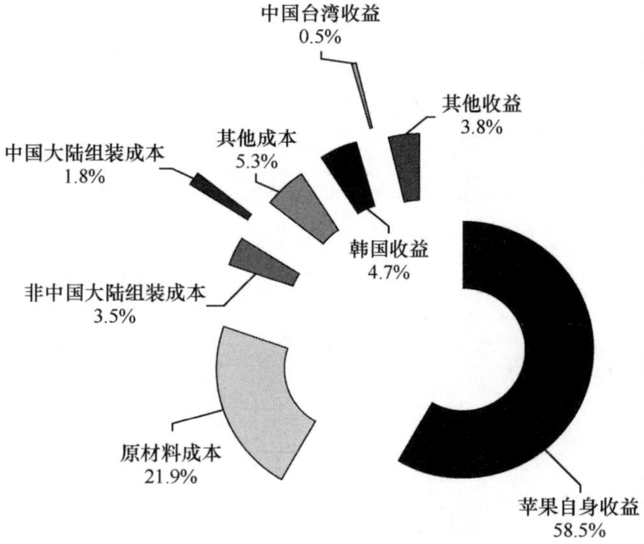

图 15-2　iPhone 手机利润的分配构成

数据来源：《捕捉 Apple 全球供应网络利润》，2011

- 能源消耗大，污染严重。我国是世界第一制造业大国，2012 年数据显示，工业占国内生产总值的 40%左右，是能源消耗及温室气体排放的主要领域，工业能耗占全社会总能耗的 70%以上，单位产品能耗远高于国际先进水平，而单位产值产生的污染却远远高出发达国家。

单位 GDP 能耗，又叫万元 GDP 能耗，每产生万元 GDP 所消耗掉的能源，一般用来反映一个国家经济活动中对能源的利用程度，反映经济结构和能源利用效率的变化。2009 年我国单位国内生产总值能耗是德国和日本水平的 5 倍多，是美国的 3 倍多（图 15-3）；2010 年我国单位国内生产总值能耗仍然是世界平均水平的 2.2 倍，且主要矿产资源对外依存度逐年提高，石油、铁矿石等均已超过 50%。

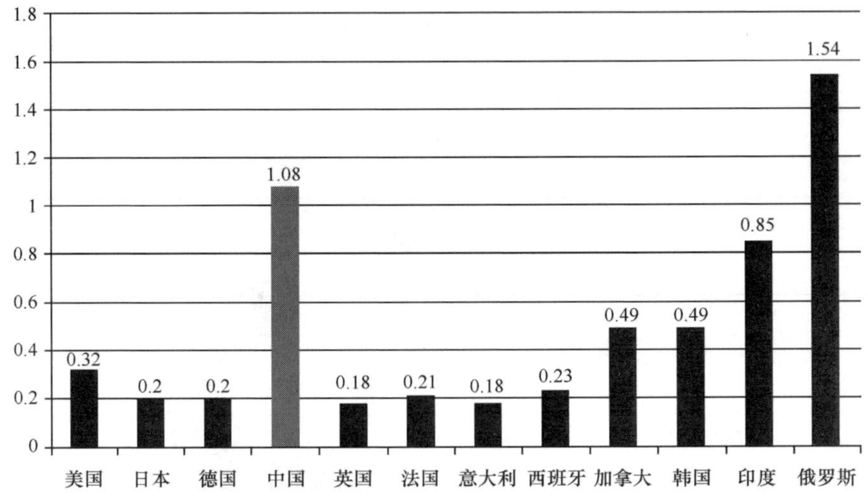

图 15-3　2009 年能耗情况国际比较万元 GDP 消耗标准煤

数据来源：国家统计局，2009

（二）优势

当然，我国的原材料成本低、劳动力资源丰富，为发展制造业提供了比较充足的条件。同时，不可否认，中国对于制造业产品的市场需求是巨大的。

近年来，中国制造业的不断增长趋势有目共睹，而发挥市场需求的影响力要以提升加工制造能力为基础。所以为了更好地发展制造业，不应仅仅只是扩大生产力，更重要的是从量到质的转变。也就是，制造业应该向着数字化、智能化发展。制造业数字化、智能化是新一轮工业革命的核心，并将深刻影响制造业的生产模式和产业形态。从当前的全球制造业趋势来看，主导制造业的产业多为数字化、智能化的产业，如智能手机、通信设备、汽车以及一些精密机械等。

与过去相比，我国制造业在数字化、智能化方面也紧跟时代的潮流。在数字化、智能化技术应用上，一方面，通过 CAD、CAM 等软件的大规模应用，大幅提升了生产系统的功能、性能和自动化程度；另一方面，通过这些技术的集成，形成柔性制造单元、数字化车间、数字化工厂，使生产系统的柔性自动化水平不断提升，不断向智能化进化。

第十六章　中国制造业的机遇与挑战

制造业是我国经济高速增长的引擎。目前，我国尚处于工业化进程的中后期，制造业创造了 GDP 总量的三分之一，贡献了出口总额的 90%，未来几十年制造业仍将是我国经济的支柱产业。但是，由于劳动力成本上涨以及制造业领域的技术进步，随着发达国家纷纷出台重振制造业的强力政策，部分制造业企业开始从我国迁出，也有部分跨国企业为了节省成本，将目光转向工资低廉的东南亚地区。同时，越南、印度等亚洲发展中国家也在致力于加快经济结构调整和产业升级，争相吸引发达国家的产业转移。可以说，全球制造业正面临新的变革。

第一次工业革命是机械取代人力，第二次工业革命是自动取代手动，第三次工业革命使得制造业迎来信息技术和自动化。落后的人力劳动已经无法满足现代化制造业的需求，一些发达国家很早就开始投入自动化技术去提升生产力。富士康总裁郭台铭也曾经表示，到 2016 年，定位为智能化机器人生产基地的山西晋城富士康产值可突破 500 亿元，在 5 至 10 年内看到首批完全自动化的工厂，并在数年内通过自动化消除简单重复性的工序。

同时，“工业 4.0”将从第三次革命的自动化向智能化、网络化和集成化方向发展。“工业 4.0”在一定程度上，也将促进发达国家的制造业技术升级，也导致了部分制造企业的回流，从而对我国制造业造成间接影响。

可以说，我国制造正在面临空前绝后的机遇的同时，也面临着前所未有的挑战。

（一）富士康的迁徙表明挑战

劳动力人口减少的直接影响是用工成本上升，劳动力成本上升导致中国制造业的竞争力迅速下降。许多跨国公司将工厂搬向劳动力成本更低的地方。

中国是全球最大的电子产品生产基地。但是，由于物价带动人工费用上涨，智能手机和个人电脑等电子产品的代工企业为寻求廉价劳动力，已开始加速进行工厂转移。世界最大电子产品代工企业富士康，最终选择了劳动力成本较为低廉的贵州省，甚至还有远走东南亚的打算。

代工企业主要依靠人海战术进行组装作业，因此廉价劳动力不可或缺。鸿海（富士康属于其在中国大陆的投资企业）于 1988 年进驻广东深圳，随后为了寻找人工更加低廉的地区，应对劳动力资源的紧张，逐渐将工厂向中西部迁移，以降低用工成本。这些中西部地区包括山西太原（2003 年）、重庆市（2009 年）、四川成都（2010 年）、河南郑州（2010 年）等，富士康还于 2011 年前后开始将一部分生产设备和人员从深圳转移到中西部地区的各工厂（图 16-1）。

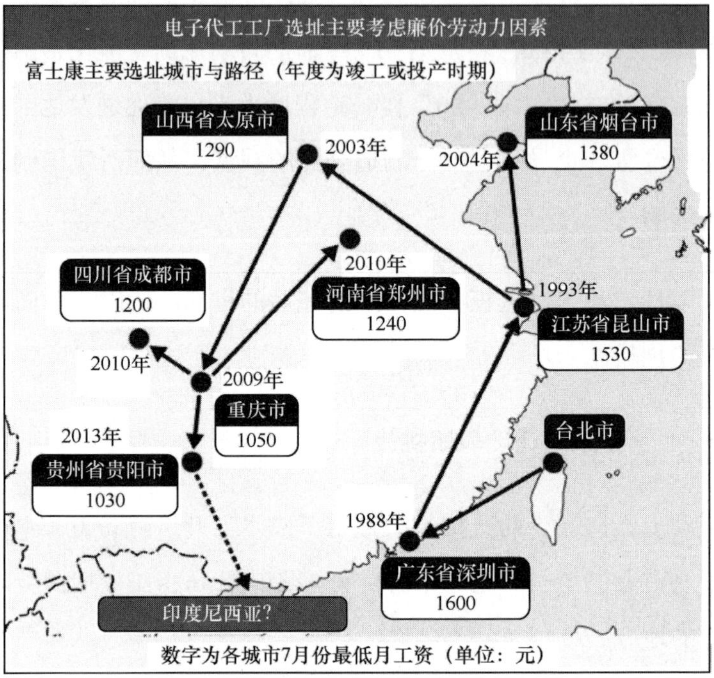

图 16-1　富士康的迁徙路径

资料来源：日经新闻（作者改译）

可以说，作为代工企业，劳动力问题始终是富士康的一大难题。富士康也可能在不断思考：下一个成本更低的工厂设在哪里？

对于一些欠发达的中西部地区而言，富士康的工作仍然具有一定吸引力。比如贵州省，2012 年农村贫困人口 923 万，其一类地区的月最低工资标准也仅为 1030 元。据了解，富士康（贵州）第四代绿色产业园将在未来两三年内为贵州提供 5 万个就业岗位。

据说，郭台铭最近也开始将目光投向海外。在 2013 年的亚太经济合作会议（APEC）企业领袖高峰会上，郭台铭表示未来两年将启动印度尼西亚五年计划，在印度尼西亚设立手机工厂。在印度尼西亚首都雅加达，2012 年工人年工资每人平均 4780 美元，比我国深圳市低约 30%。而在越南，2012 年工人年工资在首都河内为每人平均 2533 美元。

那么，电子代工企业会不会大规模向东南亚转移，或者大规模迁徙东南亚之后，会对我国制造业带来什么影响？这些问题值得我们关注和思考。

既然物价和劳动力成本无法降低，那就要在配套环境上下功夫。在需求持续萎缩的笔记本电脑领域，各代工企业的“西部大迁徙”也在持续。2010 年以后，广达电脑等中国台湾的 5 家大企业相继在重庆市建设了新工厂。这些企业看中的或许不是当地政府的税收优惠，而是重庆至欧洲间直达货运列车 2011 年正式开通带来的物流运输成本的优势。

随着国内人工、材料、能源、土地等生产要素成本的不断上升，印度、越南及东南亚发展中国家以比我国更低的成本优势，成为接纳国际产业转移的新阵地，2008 年以来我国对这些地区的产业转移也呈快速增长的势头。在轻工、纺织等劳动密集型产品正在由“中国制造”转向“越南制造”。

（二）微笑曲线表明机遇的到来

提到中国制造业不得不提微笑曲线。

微笑曲线是宏碁集团创办人施振荣于 1992 年提出的著名商业理论，因其较为贴切地诠释了工业化生产模式中产业分工问题而备受业界认可，已经成为诸多企业的发展哲学。

微笑曲线将一条产业链分为三个区间，即研发与设计、生产与制造、营销与服务，其中生产制造环节总是处在产业链上的低利润环节（图 16-2）。于是，生产制造环节的厂商总是不断地追求有朝一日能够走向研发设计和品牌营销两端。而在国际产业分工体系中，发达国家的企业往往占据着研发与设计、营销与服务产业链的高端位置，发展中国家的厂商则被挤压在低利润区的生产与制造环节。在国际产业分工体系中走向产业链高端位置，向微笑曲线两端延伸，已成为发展中国家的制造厂商们可望不可及的顶级目标。

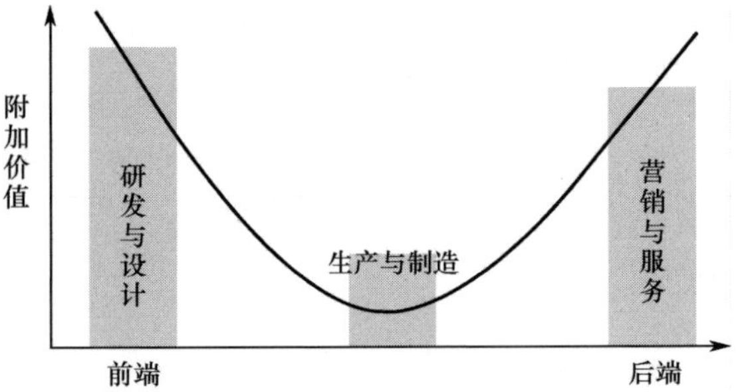

图 16-2　微笑曲线

从微笑曲线可知，在产业链中，附加值更高的体现在两端：研发与设计、营销与服务，而处于中间环节的生产与制造附加值最低。就全球产业链来看，尽管“中国制造”铺天盖地，但是，“中国制造”大多处于“微笑曲线”中间区域的生产与制造环节，投入大量的劳动力，获取少得可怜的利润。

在“工业 3.0”时代，企业以大规模生产、批量销售为特征，通过规模化生产，提供标准化产品，获取行业平均利润，各企业按其所处研发与设计、生产与制造、营销与服务的产业分工位置，分享价值。

处于“微笑曲线”两端的研发与设计、营销与服务是利润相对丰厚的区域，盈利模式通常具有较好的持续性；而处于“微笑曲线”中间底部区域的生产与制造只能无奈地维系相对较少的利润，而且由于技术含量低，进入门槛也相对较低，致使竞争更为激烈，并且可替代性较强，从而又进一步挤压了利润空间。

因此，停留在“微笑曲线”的底部，并非制造业的长久之计，升级转型刻不容缓。首先，中国的资源环境正在发生变化。除了高能耗带来的环境恶化难以为继之外，随着人口红利的消退，中国劳动力资源将不像往昔那么有竞争力，专业技能工人不足的问题已经常常见诸报端。其次，劳动力成本的上升使得在中国生产制造的吸引力在不断下降，例如，富士康开始在越南投资建厂，阿迪达斯和耐克也已将主要工厂从中国迁往东南亚地区。也就是说，中国制造业的“微薄利润”也很难维持下去。面对制造业越来越严峻的竞争局面，中国制造业转型升级已经迫在眉睫。

但是，中国制造业想要走出“微笑曲线”的底部区域绝非一夕之功。所以，截至目前，我们仍在探讨：如何走出微笑曲线的底部？

以往的思路认为，想要摆脱传统制造业的低附加值境地，就必须向“微笑曲线”的研发和服务这两端延伸，通过高新技术实现产业升级和发展制造业的周边服务业是必经之路。从产业层面来看，“研发与设计”环节意味着发展高新技术产业，“营销与服务”环节则是要提高制造业的周边服务业的比重。但是，这一过程会遇到诸多挑战，且不能实质性地走出微笑曲线的底部，也不能短期内走出微笑曲线的底部。

但是，在“工业 4.0”时代，我们不用再纠缠这个难题了。因为，制造业的存续已久的价值创造和分配模式正在发生转变，借助互联网平台，企业、客户及利益攸关方纷纷参与到生产制造的各个环节，共同创造价值、共同输送价值、共同实现价值，从而将形成新的价值创造和分享模式（图 16-3）。

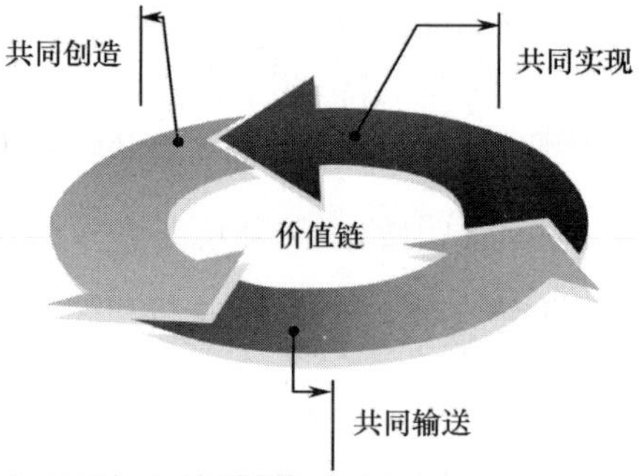

图 16-3　新的价值创造和分享模式

“工业 4.0”的目标是寻求更先进的制造模式，“工业 4.0”也将是国际制造行业的大趋势。在“工业 4.0”中，德国正在努力设计未来工业生产中的网络协同模式，以开发完全能够适应生产的产品，这种适应性能够使德国企业面对客户的需求变化时，能迅速、轻松地做出响应，并保证其生产具有竞争力，满足客户的个性化需求。制造业企业将不再自上而下地控制生产，不再从事单独的设计与研发环节，不再从事单独的生产与制造环节，也不再从事单独的营销与服务环节了。与之对应的是，制造企业从顾客需求开始，到接受订单、寻求生产合作、采购原材料、共同进行产品设计、制订生产计划以及付诸生产，整个环节都通过网络联接在一起，彼此相互沟通，而信息会沿着原材料传递，指示必要的生产步骤，从而确保最终产品满足客户的特定需求。这种生产制造的灵活程度无疑代表着制造业未来的发展方向，也预示全球制造行业将迎来技术升级的激烈竞争。

在“微笑曲线”分工模式下，企业通过规模化生产、流程化管理，提供低成本的标准化产品，获取竞争优势，企业的规模和实力发挥着决定性作用。而在“工业 4.0”模式下，企业、客户及各利益方处于同一价值链中，共同参与价值的创造、价值的输送、价值的实现等环节，客户得到个性化产品、定制化服务，企业获取了相应的利润。

Apple 的 iPhone 手机和小米公司的小米手机，都是一些值得借鉴的成功案例。

iPhone 手机的系列产品包装内一如既往地写着，“Designed by Apple in California，Assembled in China”。意即“Apple 是在美国本土西部太平洋沿岸的加州进行了产品研发与设计，在中国实施的产品组装”。但是，除了很少一部分零部件之外，其他的大多零部件都不是 Apple 公司生产的，这已经不是一个秘密了。Apple 公司对全球的各类优秀零部件供应商的产品进行了组合，生产出了 iPhone、iPad。所以，iPhone 是“中国制造”吗？是“美国制造”吗？显然都不是。据日本媒体报道，在 iPhone6 中，摄像头由索尼供货，液晶面板由夏普供货，高频零部件由村田制作所或 TDK 供货，LED 背光模块由美蓓亚等日本企业供货的，只不过组装过程是由位于中国境内的富士康公司来完成的。

小米公司本身也并不亲自生产手机，只专注于设计研发和客户服务，手机生产也是通过网络协同，由类似富士康的其他合作企业来负责制造的。

也就是，随着网络协同制造的发展，价值链体系将发生颠覆性的变化。

◆ 共同创造价值

“工业 4.0”将所有参与网络协同制造的企业通过价值链以及信息网络实现横向集成。通过资源信息共享与资源整合，确保了各企业间的无缝合作，形成一种提供实时产品与服务的机制，来共同创造价值。

◆ 共同输送价值

在“工业 4.0”时代，人力、物料、生产设备、各种生产管理系统以及价值链上的众多协同企业都将互联。CPS（信息物理系统）将信息世界和物理世界完美融合，来共同输送价值。

◆ 共同实现价值

社交网站为工厂与消费者提供了互动式交流平台，大数据挖掘为产品设计提供了分析依据。从而，工厂与顾客的关系也从“产品购买”变为“参与设计”，制造业企业通过有效互动，引导顾客全方位、体验式参与，实时掌握市场需求变化、快速实现产品更新换代，来共同实现价值。

（三）如何应对？

危机是威胁也是机会。新一轮工业革命将彻底改变现有的生产方式和产业组织形式，改变国家间的比较优势，进而重塑全球产业竞争力和国际产业分工格局。新一轮工业革命背景下，将深刻影响我国产业结构调整的路径和进程，对我国制造业升级转型构成巨大挑战。

资料显示，在 2012 年主要工业化国家的制造业综合指数分布中，美国遥遥领先，处于第一方阵，德国、日本处于第二方阵，而中国、英国、法国、韩国则处在第三方阵。

与美国、德国、日本等世界制造强国相比，我国工业大而不强，结构层次偏低，发展方式粗放，大部分制造企业的信息化程度较低。因此，迫切需要加快结构升级和发展方式的转型。

在如何应对方面，关键一点就是，要以网络化、智能化为动力，推动工业和信息化深度融合。德国的“工业 4.0”通过打造智能工厂，将生产设备、生产系统、业务管理系统全部联接起来，形成新的信息物理系统，从根本上改变了制造模式。而我国目前大多数制造业企业还没有对信息物理系统有深刻认识与高度重视，很难跟上全球工业革命的最新步伐。

具体而言，主要有两点：一是重新挖掘比较成本的优势；二是提升制度创新和管理变革能力（图 16-4）。

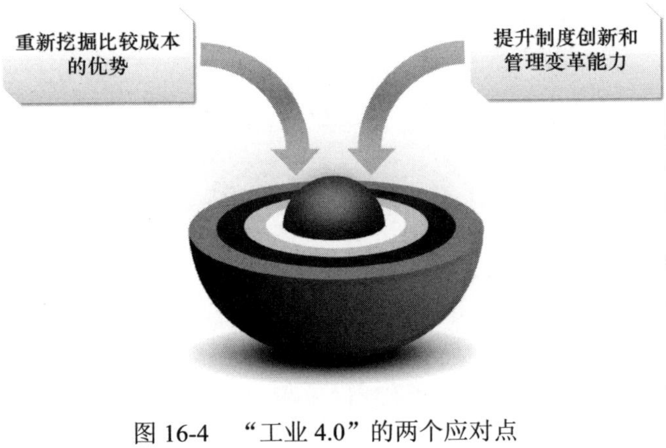

图 16-4　“工业 4.0”的两个应对点

◆ 重新挖掘比较成本的优势

以前我国制造业迅速崛起主要得益于劳动力成本、原材料成本以及廉价的工业用地等资源所构成的比较成本优势。这方面充分体现出"危机是威胁也是机会"。因为，新一轮工业革命将彻底改变生产模式和组织形式，生产成本将大幅减少，生产模式将大幅转变。也就是说，新一轮工业革命不再偏重劳动力成本、原材料成本以及廉价的工业用地等资源所构成的比较成本优势，对国家间比较优势格局造成较大变化。

◆ 提升制度创新和管理变革能力

在"工业 4.0"时代，平台型企业、网络化组织、开放式创新、大规模定制、社会化生产等行为将更加普遍。所以，生产者与消费者的互动将更加紧密，中小企业的作用将更加突出，对市场需求的快速反应将更加重要……这些变化都要求适时、适度的制度创新和管理变革能力，对我国相对薄弱的制度创新和管理变革能力构成现实性的挑战。

第十七章 从“制造”到“智造”的升级

随着美国“制造业回归”的强力推动，以及我国国内劳动力、土地等成本的上升，我国制造业依赖传统比较成本优势参与国际竞争的局面难以为继。加快制造业智能化的发展进程、培育和发展新优势，是在新一轮国际产业竞争中主动出击，促进工业转型升级的重大战略抉择。

改革开放 30 多年来，中国制造业生产总值已发展成为世界第一，目前从工业大国向工业强国的转变，提高技术创新能力和产品质量水平成为我国制造业发展的迫切需要。尤其在当前国际制造业竞争加剧、传统比较优势不复存在、新一轮工业革命正在酝酿的复杂背景下，我国制造业面临着严峻的挑战和重大的机遇。在机遇与挑战面前，由“制造”向“智造”的转型时不我待。加快制造业智能化的发展变革，推动从“中国制造”到“中国智造”的转型升级，也将对我国经济发展方式带来根本性变化。

（一）从工业化到智能化的演变

传统工业化的技术特征是利用机械化、电气化和自动化，实现大规模生产和批量销售（图 17-1）。在当前复杂的国际竞争中和国内环境下，为提升我国制造业在全球产业价值链中的地位，解决制造业大而不强的问题，必须从传统生产方式向智能化生产方式转变。

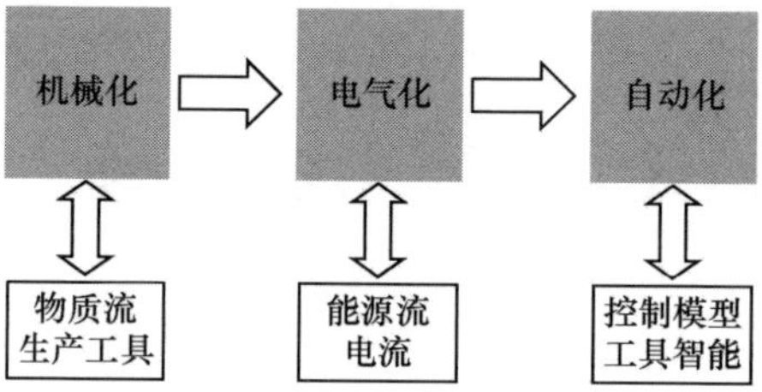

图 17-1　传统工业化的技术特征

现代工业化的技术特征，除了物理系统（机械化、电气化、自动化）之外，还要通过融合信息系统（计算机化、信息化、网络化），最终实现信息物理系统（智能化）（图 17-2）。在“工业 4.0”时代，中国制造业向智能化发展，存在着巨大的空间和潜力。目前，我国正处在工业化的发展进程之中，经济的崛起必定首先依托制造业。新一轮工业革命在带来诸多挑战的同时，也将为我国制造业发展提供许多难得的“契机”。因为历史经验表明，每一次工业革命都为后发国家成功实现赶超提供“契机”，英、德、美、日等都是通过把握工业革命的机遇而成功的。就我国制造业转型升级而言，新一轮工业革命同样将会带来赶超发展的“契机”。

以前，我国制造业技术含量不高，一直处于国际产业价值链的低端环节。在工业和信息化部的积极推动下，工业和信息化的深度融合有效地为制造业的网络化、智能化发展奠定了殷实的基础。毫无疑问，在“工业 4.0”时代，新一轮工业革命将更快速地带动两化深度融合。信息技术向制造业全面嵌入，将打破传统的生产流程、生产模式和管理方式。生产制造过程与业务管理系统的深度集成，将实现对生产要素的高度灵活配置，实现大规模定制生产。从而，将有力推动传统制造业加快转型升级的步伐。

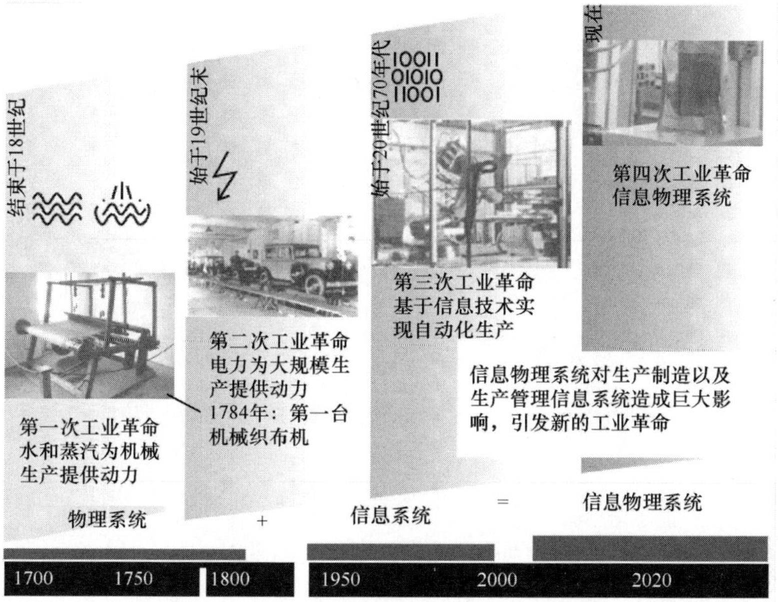

图 17-2　物理系统+信息系统=信息物理系统

资料来源：VINT 实验室（作者改译）

（二）智能化体现在内、外部的网络协同

实际上，早在 2000 年，国际著名的咨询机构 ARC 针对生产制造新的发展模式，详细地分析了自动化、制造业以及信息化技术的发展现状，从科技发展趋势对生产制造可能产生影响的角度，做出过全面的调查研究，并提出了用工程、生产制造、供应链三个维度描述下的

数字工厂模型（图 17-3）。

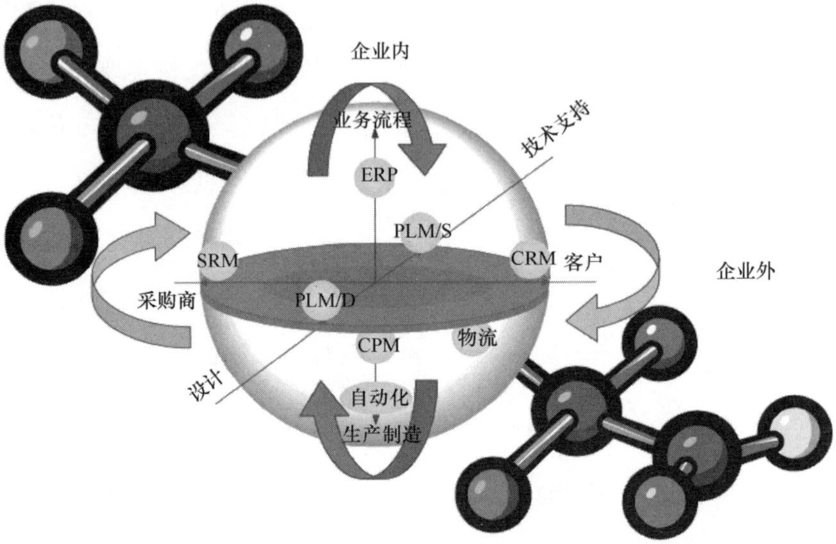

图 17-3 三个维度描述下的数字工厂模型

资料来源：美国 ARC 顾问集团（作者改译）

其中，从生产流程管理、企业业务管理一直到研究开发产品生命周期的管理而形成的“协同制造模式”（Collaborative Manufacturing Model，CMM）。CMM 协同制造模式为制造行业的变革提出了一个理论依据和行之有效的方法。CMM 协同制造模式利用信息技术和网络技术，通过将研发流程、企业管理流程和生产产业链流程有机地结合起来，形成一个协同制造流程，从而使得制造管理、产品设计、产品服务生命周期和供应链管理、客户关系管理有机地融合在一个完整的企业与市场的闭环系统之中，使企业的价值链从单一的制造环节向上游设计与研发环节延伸，企业的管理链也从上游向下游生产制造控制环节拓展，形成一个集成了工程、生产制造、供应链和企业管理的网络协同制造系统。

“工业 4.0”也在一定程度上借用了 CMM 的理论。“工业 4.0”定义了制造商、供应商，乃至开发商之间的网络协同结构，主要目的是实现市场与研发的协同、研发与生产的协同、管理与通信的协同，从而形成一个完整的制造网络，由多个制造企业或参与者组成，它们相互交换商品和信息，共同执行业务流程。企业、价值链和产品生命周期这三个维度贯穿于各个价值链中的制造参与者之间。居于上方的是管理职能，下方是制造职能。

同时“智能工厂”的“智能生产”，重点研究智能化生产系统及过程，以及网络化分布式生产设施的实现，其核心就是在整个工业生产过程中，通过信息物理系统（CPS），利用物联网、软件和通信技术，加强信息管理和服务，提高生产过程的可控性，从而实现研发、生产、制造工艺及工业控制等全方位的信息覆盖，全面控制各种信息，确保各个生产制造环节都能处于最优状态。从而引导制造业向智能化转型。

◆　内部各个部门或系统的协同

对于一个制造业企业来说，其内部的信息是以制造为核心的，包括生产管理、物流管理、质量管理、设备管理、人员及工时管理等和生产相关的各个要素。传统的制造管理是以单个车间/工厂为管理单位，管理的重点是生产，管理的范围是制造业内部。

但是，随着信息技术的进步，很多制造型企业在发展的不同时期，根据管理的不同时期的需求，不断地开发了不同的系统，并在企业内部逐步使用，如库存管理系统、生产管理系统、质量管理系统、产品生命周期管理系统、供应量管理系统等。不同的系统实现不同的功能，有些系统采用自主开发或不同供应商的系统所组成。随着企业的发展，要求不同的生产元素管理之间的协同性，以避免制造过程中的信息孤岛，因此对各个系统之间的接口和兼容性的需求越来越高，即各个系统之间的内部协同越来越重要。

例如，对于采用两套各自独立的系统来管理生产和库存的时候，在进行生产之前，生产管理系统需要掌控某项生产计划的实施，以及物料资源的供应，如果库存管理系统和生产管理系统相对独立，就无法实现协同，生产所需要的物料信息不能反馈给库存系统，库存系统也不能得到生产所需要物料的需求信息。在生产完成之后，生产系统汇总生产结果与实际的物料使用信息，但是由于生产管理系统与库存管理系统采用的是不同的独立系统，库存管理系统并不能实时得到物料使用信息，致使实际库存情况和系统的结果不能保持一致。为了弥补信息的断层，不得不从库存管理系统和生产管理系统之间进行数据信息的手工导入和导出，经常进行周期性的人工盘点，才能做到使用情况与库存信息的匹配。

随着对制造的敏捷性及精益的要求不断提高，靠人工导入和导出信息已经不能满足制造业信息化的需要，这就要求在不同系统之间进行网络协同，做到实时的信息传递与共享。

◆ 外部的协同制造

在未来制造业中，每个工厂是独立运作的模式，每个工厂都有独立运行的生产管理系统，或者采用一套生产管理系统来管理所有工厂的操作。但是随着企业的发展，企业设置不同的生产基地及多个工厂，工厂之间往往需要互相调度，合理地利用人力、设备、物料等资源，企业中每个工厂之间的信息流量越来越多，实时性的要求越来越高，同时每个工厂的数据量和执行速度的要求也越来越高。这就要求不同工厂之间能够做到网络协同，确保实时的信息传递与共享（图 17-4）。

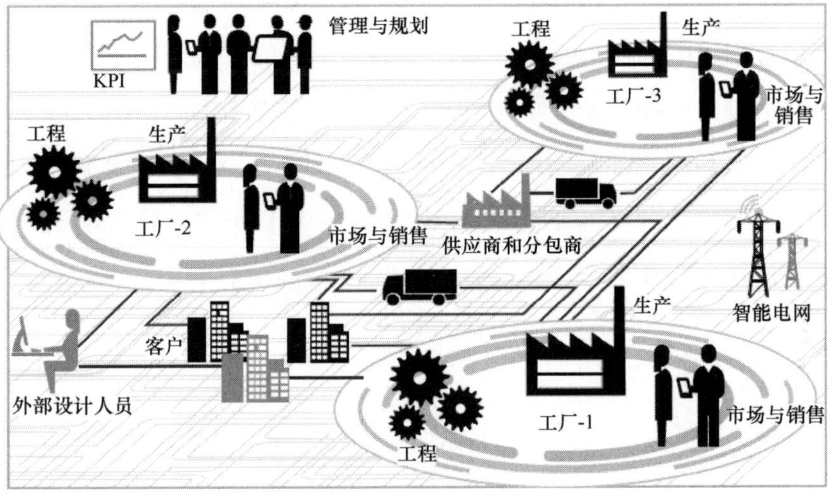

图 17-4　工厂与工厂之间的网络协同

资料来源：《德国工业 4.0 最终报告》（作者改译）

在全球化与互联网时代，协同不仅仅是组织内部的协作，而且往往要涉及产业链的上、下游组织之间的协作。一方面，通过网络协同，消费者与制造业企业共同进行产品设计与研发，满足个性化定制需求；另一方面，通过网络协同，配置原材料、资本、设备等生产资源，来组织动态的生产制造。并缩短产品研发周期，满足差异化市场需求。

我国的互联网巨头百度就提供了一个参与制造企业生产的平台。它跟蒙牛合作，打造了一个透明牛奶供应链。消费者通过网络可以实时查看并了解从奶牛养殖、挤奶、加工、包装、运输到奶制品商场上架的供应链全过程。这个国内首个基于网络协同打造的透明追溯供应链，彻底拉近了消费者与农牧场的距离。

在“工业 4.0”中的横向集成代表生产系统的结合，这是一个全产业链的集成。在以往的工厂生产中，产品或零部件生产只是一个独立过程，之间没有任何联系，没有进一步的逻辑控制。外部的网络协同制造使得一个工厂根据自己的生产能力和生产档期，在生产某一个产品的一部分的同时，与外部的物流、外部工厂的生产，包括销售等整个的全产业链能够联系起来。这样一来，就实现了价值链上的横向产业融合。

第十八章　中国制造业从"工业 3.0"到"工业 4.0"的产业路线图

德国"工业 4.0"战略与我国的"两化融合"有许多相通之处。在新的发展背景下，只有将信息化时代的网络化、智能化特征与我国工业化、自动化的进程紧密结合起来，把两化深度融合作为主线，才能为推动工业转型升级注入新的动力和活力（图 18-1）。

图 18-1　从"工业 3.0"到"工业 4.0"的 4 个路线

◆　路线图 1：定义未来制造业的关键词

先进制造业（Advanced Manufacturing Technology，AMT）采用先

进技术设备、现代管理手段和制造模式，是科技含量较高的制造业形态，也是一个国家和地区发展实力的重要标志。20 世纪 80 年代末期，美国为增强制造业的竞争力和促进国家经济增长，通过对本国制造业面临的挑战和机遇进行分析之后，提出了先进制造技术的概念。此后，欧洲各国、日本以及亚洲新兴工业化国家也相继作出响应，发展先进制造业成为了各国政府的共识。

目前，先进制造业已成为制造业中最为重要，也是最具活力的一个组成部分，代表着世界制造业的发展方向和潮流。原机械工业部总工程师、中国机械工业联合会特别顾问朱森第这样定义“先进制造业”：它是不断吸收信息、机械、材料以及现代管理等方面的高新技术，并将这些先进的技术综合应用于制造的各个环节和全过程，实现优质量、高效率、低能耗、灵活的生产，从而取得很好经济、社会和市场效益的制造业总称。先进制造业的核心在于其“先进性”，不仅体现在技术的先进性上，而且具有产业的先进性和管理的先进性。先进制造业既包括高新技术产业，还包括用先进技术改造的传统制造业。

进入 21 世纪以来，制造业面临着全球产业结构调整带来的机遇和挑战。特别是 2008 年金融危机之后，世界各国为了寻找促进经济增长的新出路，开始重新重视制造业，欧盟整体上开始加大制造业科技创新扶持力度，美国于 2011 年提出“先进制造业伙伴计划”，旨在增加就业机会，实现美国经济的持续强劲增长。美国国家科学技术委员会于 2012 年 2 月正式发布了《先进制造业国家战略计划》。该计划客观描述了全球先进制造业的发展趋势及美国制造业面临的挑战与机遇，明确提出了实施美国先进制造业战略的五大目标。据资料显示，为保证有效落实，该计划不仅规定了衡量每个目标的近期和远期指标，而且指定了参与每个目标实施的主要联邦政府机构，展现了美国政府振兴制造业的决心和愿景。

中国推进产业升级最常见的问题是急功近利。其实质是：不系统考虑问题，盲目推进创新点，无法形成真正的优势，造成资源浪费。我们应该通过比较研究《美国先进制造业国家战略计划》、《德国工业 4.0 战略》等资料中的先进制造业关键词，来定义我们的未来制造业发展方向（图 18-2）。

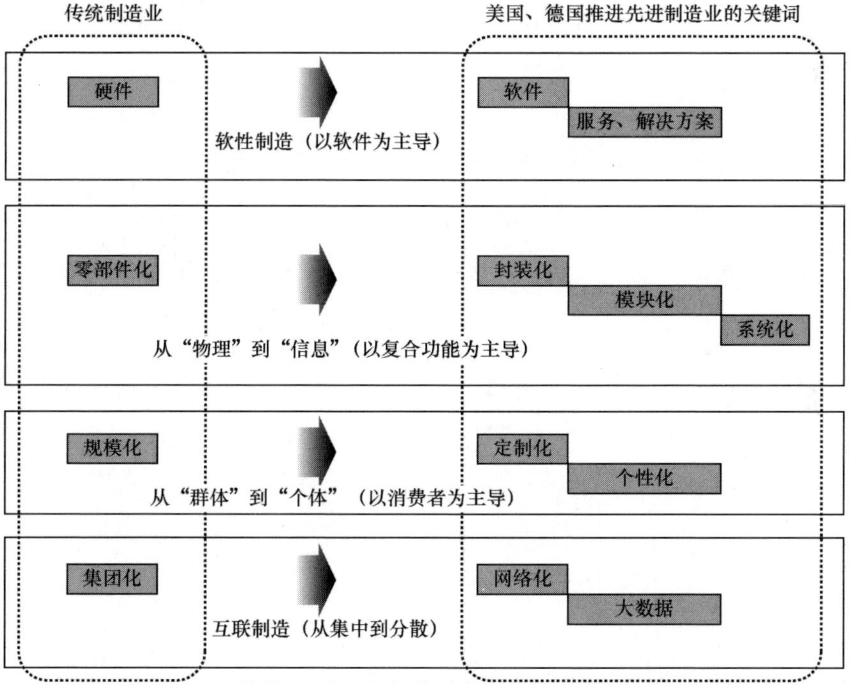

图 18-2　制造业领域关键词的变化

（1）软性制造

大规模制造时代，传统的制造环节利润空间越来越受到挤压。所以，从发达国家发展先进制造业的战略规划中均可以看到，制造业的概念和附加值正在不断从硬件向软件、服务、解决方案等无形资产转移。相对于传统制造业，如今的制造业是软件带给硬件功能，并控制硬件，这对硬件造成极大影响。同时，与以往的硬件商品所不同，目前的制造业中，对商品附属的服务或者基于商品上面的解决方案的需求正在快速增加。

所谓软性制造，就是增加产品附加价值、拓展更多、更丰富的服务与解决方案。因为，相对于硬件，产品内置的软件、附带的服务或者解决方案通常是软性和无形的，都是“看不见”的事物，所以称之为软性制造。

在软性制造中，不再将“硬件”生产视为制造业，认为“软件”在制造业中不断发挥主导作用，商品产生的服务或解决方案对制造业的价值带来巨大影响。所以，未来的制造业需要放弃传统的“硬件式”的思维模式，而要从软件、服务产生附加值的角度去发展制造业。软件、服务在整个制造业价值链中所占的比重越来越大，呈现显著的增长趋势。未来制造业企业向顾客提供的不再是单纯的产品，而是各种应用软件与服务形态集成于一体的整体解决方案。

【以软件为主导】

以大规模量产的硬件为中心的制造业随着模块化的进展和生产设备技术的一体化，很容易进行技术转移，进入门槛低，以致于许多发展中国家都可以着手开展。但是，近年来，发达国家不断用软件定义产品功能和性能，增强以软件为主导的创新的重视程度，使得制造业产品产生价值的来源从硬件转换到了以软件为主导，也提高了制造业的进入门槛。

电子产品就是一个典型代表案例。如今的电子产品中大多预装操作系统，嵌入各种软件功能，许多电子产品通过联网还能够安装更多的应用软件（APP）。目前，就连传统的制造业领域，汽车产业也不断体现出软件是决定产品价值的重要因素。例如，为了实现汽车的低耗油驾驶，需要由软件来协同控制汽车零部件中的各种硬件的技术模块化，软件的效果好坏直接影响到汽车的油耗。更进一步，许多发达国家正在积极开发自动驾驶汽车，在自动驾驶汽车时代，软件在汽车中的功效比重无疑将会进一步大幅提升。

美国企业的软性制造方面的趋势最为明显。GE、IBM 等美国企业从很早就开始重视软件的作用，GE 跳出制造业的思维模式，致力于软件投入。目前的 GE 也是一个数据分析、软件公司了。IBM 在这一点上更为领先，认为管理海量数据的时代即将到来，因此极为重视公司在数学上的解析能力。

在欧洲的产业政策中，也很早就意识到未来制造业影响全球化竞争能力的根源是软件。在欧盟的框架计划中，为嵌入式软件的基础研究项目（ARTEMIS）投入高达 27 亿欧元。西门子、博世等大型企业摇身变为了 IT 企业。

【服务、解决方案业务】

在发达国家制造业的趋势中，对售后服务、客户服务和解决方案业务的应对极为重视。未来制造业的商业模式，将不仅仅是销售硬件，而是通过销售出的硬件产品的维护等售后服务，以及提供各种后续服务，来获取更多的附加价值，其商业模式将是以不断解决顾客问题为主。

对服务、解决方案业务的认识，在美国、德国、英国都已经很普遍。美国的大型企业倾向于对服务、解决方案进行行业标准化，并向新兴市场国家推广。GE 在医疗服务中的举措可谓是一个典型案例。德国、英国则通过销售的咨询化使得“制造业服务化”得以成功。

（2）从“物理”到“信息”的趋势

以往，每当提及制造业，恐怕都认为是各种零部件构成了硬件产品的核心。但是，随着封装化、数字化的进展，零部件生产加工加速向新兴市场国家转移，随之而来，零部件本身的利润难以维系。因此，发达国家制造业开始更加注重通过组装零部件进行封装化，将部分功能模块化，将系列功能系统化，来提升附加价值。

模块化是将标准化的零部件进行组装，以此来设计产品。从而，能够快速响应市场的多样化需求，满足消费者的各项差异化需求。以往，在产品生产过程中，需要付出很多时间和成本，如果将复杂化的产品通过几个模块进行组装，就能够同时解决多样化和效率化的问题。

但是，模块化本身不过是产品的一项功能，未来制造业将更加重视在通过模块化和封装化的基础上进行系统化，拓展新的应用与服务。如果以系统化为主导，就能相对于“物理”意义上的零部件获取更多的带有“信息”功能的附加价值。相反，如果不掌控系统的主导权，无论研发出的零部件的质量和功能多么好，也难以成为市场价格的主导者。

美国企业一直在研发与设计等价值链的上游部分获取附加价值，这就体现了面向系统的思维模式。位于价值链上游的企业为了汲取附加价值，不应面向零部件，而应面向系统来掌控市场。GE 的核心技术就是系统，该公司在 20 世纪 80 年代已经向能源系统公司转型，如今，那时积累的成功经验无疑将应用到 GE 大力推广的医疗服务等领域之中。

在德国提出的“工业 4.0”战略中，核心就是物理信息系统（CPS），德国的西门子、博世等大型企业对系统化已经有了高度的认识。其中，博世公司推出了基于 AUTOSAR 国际标准的封装系统，正在大力开拓印度和中国等新兴市场。

（3）从“群体”到“个体”的趋势

在发达国家，以规模化为对象的量产制造业将生产基地转移至新兴市场国家，以定制化为重点的多种类、小批量的制造业渐渐成为主流。在未来发达国家的制造业将在“大规模定制”的潮流下，根据多种多样的个性化需求来制造。同时，消费者本身也将有能力将自己的需求付诸生产制造。

也就是，“大规模定制”随着以 3D 打印为代表的数字化和信息技术的普及带来的技术革新，对制造业的进入门槛将降至最低，不具备工厂与生产设备的个人也能很容易的参与到制造业之中。制造业进入门槛的降低，也意味着一些意想不到的企业或个人将参与到制造业，从而有可能对商业模式造成更大的、巨大的变化。

“个性化”首先是美国大力推进的。在美国的文化背景下，个性要比组织色彩强烈。制造业的“个性化”趋势不仅仅是美国制造业回归，制造业回归还将带动旧金山等大城市内的制造业盛行，一些专注于通过信息技术使得生产工程高效化、专业性的小规模手工制作的制造业将在市区内盛行，它们根据消费者的需求进行柔性的定制化服务，以及凭借优越的设计性，与大量生产形成差异化竞争。

（4）互联制造

我们身边的很多产品都能够访问互联网了，都在不断地网络化。智能手机如此，“信息家电”也是如此，随着汽车渐渐步入自动驾驶时代，或许汽车的作用将仅仅是一个网络的终端而已。就这样，身边的产品不断地网络化，如同系统化的重要意义一样，“互联制造”代表着掌控了网络的主导权，而且从网络外部性来看，率先掌控主导权的企业将长期获取先行者利益。

随着信息技术和互联网、电子商务的普及，制造业市场竞争的新要求出现了变化。一方面，要求制造业企业能够不断地基于网络获取信息，及时对市场需求做出快速反应；另一方面，要求制造业企业能够将各种资源集成与共享，合理利用各种资源。

互联制造能够快速响应市场变化，通过制造企业快速重组、动态协同来快速配置制造资源，同时提高产品质量，减少产品投放市场所需的时间，增加市场份额。这样不仅还能够分担基础设施建设费用、设备投资费用等，还降低了经营风险（图 18-3）。

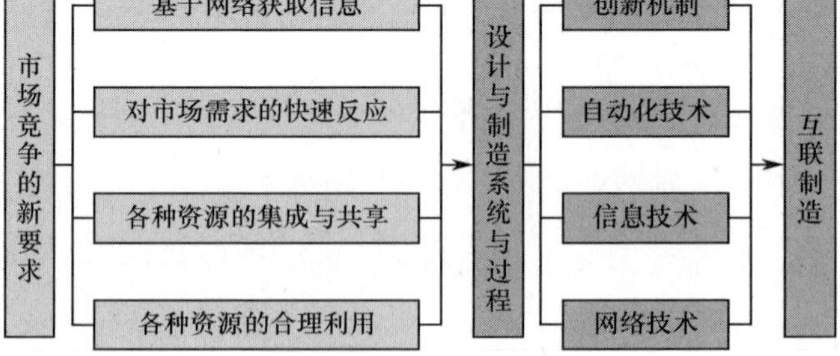

图 18-3　互联制造

另外，作为一个未来的潮流，工厂将通过互联网，实现内、外服务的网络化，向着互联工厂的趋势发展。随之而来，采集并分析生产车间的各种信息，向消费者进行反馈，从工厂采集的信息作为大数据通过解析，能够开拓更多的、新的商业机会。经由硬件从车间采集的海量数据如何处理，也将在很大程度上决定服务、解决方案的价值。

美国因为有着 Google、Apple、IBM 等 IT 巨头和无数的 IT 企业，所以在大数据应用上较为积极，非常重视对社会带来新的价值。Google 不断将制造业企业收购至麾下，就是希望掌握主导权。同时，作为美国大型制造业企业的代表之一的 GE 公司也开始加强数据分析和软件开发，从车间采集数据，并进行解析，再提供解决方案，然后开拓新的商业机会。

德国将“工业 4.0”视为国家战略，将工厂智能化视为国家方针。通过信息技术，最大限度地发挥工厂本身的能力（表 18-1）。

表 18-1　美国、德国发展先进制造业的趋势与现状

新趋势	美国	德国
软性制造（以软件为主导）——软件主导、服务化、解决方案业务	以 GE、IBM 为代表，很早阶段就开始重视软件。 目标是将服务、解决方案标准化，实现收益化	西门子、博世等大型企业开始极其重视软件。欧盟推进 ARTEMIS 等嵌入式软件开发计划。 重视定制化服务和解决方案
从“物理”到“信息”——系统化	为了在价值链的最上游获取附加价值，而加强面向系统的制造业转型，GE 很早就将核心技术向系统化转移	德国政府提出“工业 4.0”战略的核心就是信息物理系统（CPS），德国博世等大型企业将系统化视为开拓新兴市场的工具
从“群体”到“个体”——个性化	从社会文化背景出发，对个性化迎合度最高，制定制造业的大城市回归构想	产业政策中，重视 3D 打印等带给生产过程革新和价值链的变化
互联制造——网络化、大数据应用	Google、Apple、IBM 等 IT 巨头主导着 ICT 产业与技术，此外 GE 等也开始在制造业中深度应用大数据	“工业 4.0”中，推进“智能工业”项目，提升生产基地、研发基地的招商引资区位优越性

◆ 路线图 2：像“工业 4.0”那样解决 4 大难题

“工业 4.0”是由大规模批量生产向大规模定制生产转变，是由集中生产向网络化异地协同生产转变，是由传统制造企业向跨界融合企业转变。德国“工业 4.0”工作组的最终报告中认为，实现“工业 4.0”尚存在标准化、复杂的系统管理、通信基础设施建设、网络安全保障等 4 大难题（图 18-4）。同样的难题也同样的存在于我国的未来制造业。

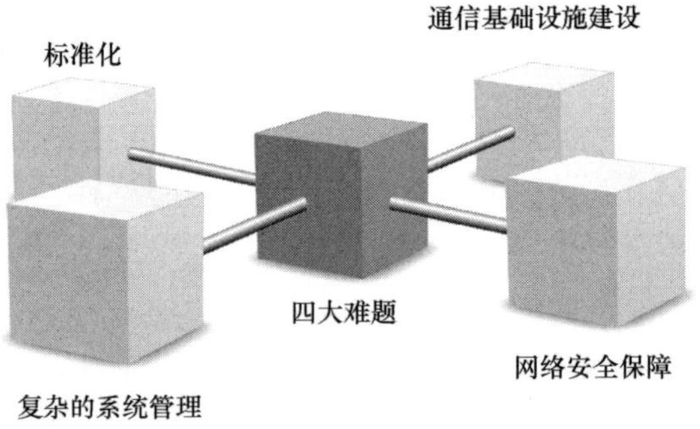

图 18-4 “工业 4.0”需要解决的 4 大难题

（1）标准化：工厂要对内外的各种物品与服务进行联网，那么，通信方式、数据格式等许多内容都需要标准化。

目前，在国际标准化舞台上，美国、德国、日本等发达国家之所以能够长期保持主导地位，其原因正是凭借强大的制造业综合实力，而我国目前在国际标准化舞台上仍然处于“听众”角色，也从侧面反映了我国制造业整体水平的差距。我国制造业在产品设计和生产流程控制方面一直是弱项，缺少标准化，更缺少国际标准化的思维。

标准先行是“工业 4.0”战略的突出特点。“工业 4.0”战略的关键是建立一个生产设备、生产资源、生产管理系统互联互通的网络化制造模式，以及各种终端设备、应用软件之间的数据信息交换、感知、分析处理、维护等必须基于一套统一的标准化体系。因此，为了保障“工业 4.0”顺利实施，德国将标准化排在八项行动中的首位，同时在“工业 4.0”平台下成立一个工作组，专门处理标准化和参考架构方面的问题。2013 年 12 月，德国电气电子和信息技术协会发布了德国“工业 4.0”标准化路线图。可以说，标准引领信息技术与工业的深度融合是未来制造业的重要手段。我国在推进信息技术与工业深度融合的具体实践中，也应高度重视标准化在制造业发展中的引领作用，及时出台“两化融合”或“两化深度融合”的标准化路线图，引导制造业企业推进工业互联网建设。同时，还要尽最大可能实现标准的国际化，使中国制定的标准得到国际上的广泛采用，以夺取未来产业竞争的话语权。

此外，跨学科、跨领域是制造业高技术化发展的显著特点。随着制造业技术不断进化，以信息技术、半导体、新材料、新能源为代表的许多高新技术，正在以前所未有的广度和深度渗透到制造业的各个环节之中，使制造业的产品和生产过程，以至于管理方式都发生了深刻、甚至是革命性的变化，导致一大批新兴高技术制造业产业的出现。反过来，制造业在发展过程中，不断融入机械、电子、电气、光学、自动控制、新材料、新能源、人机工程，以及信息技术、网络技术、通信技术，以及信息安全等诸多技术领域的集成与应用，形成极为复杂的系统化过程。所以，只有一开始就进行标准化的约束和引导，才能有序开展与推广。

因此，在上述技术发展的趋势下，未来的制造业中，标准仍将继续发挥重要基础作用。标准的建立和掌握也往往是产业内企业制定战略时必须关注的重要领域。也可以说，标准已经成为未来制造业的战略工具。

（2）复杂的系统管理：实际生产过程与各种业务管理系统协同之后，系统整体更加复杂化，对其进行管理将更困难。

产、学、研、用多个层面的联合机制在一定程度上能够化解系统的复杂化，不断完善管理体系。德国“工业 4.0”是由德国工程院、弗劳恩霍夫协会、西门子、博世等企业联合发起的，工作组成员也是由产、学、研、用多方代表组成的。因此，“工业 4.0”战略一经提出，很快得到了学术界、产业界的积极响应。事实上，发达国家重视产、学、研合作的战略意图不仅仅是扩大市场，主要还是希望通过产、学、研合作创新，来提升竞争力。

从我国制造业来看，企业普遍重视技术，但不重视流程管控，尤其是在技术研发方面。而未来的制造业体系将越来越复杂，这就需要在产、学、研、用多个层面来联合推动制造业的创新发展。因此，我国应该充分吸收和借鉴德国“工业 4.0”的产、学、研、用联合模式，一方面，政府要通过引导和支持的方式促进不同类型的产、学、研合作联盟发展；另一方面，选择几个重点行业和关键技术领域进行试点，由创新意愿较高的企业牵头，联合科研实力雄厚的大学或科研机构，组建多种形式的产、学、研研发联盟，充分调动各方资源和力量，共同推进技术研发与应用推广。

德国认为，在“工业 4.0”时代，实际生产过程与各种业务管理系统协同之后，系统整体更加复杂化，对其进行管理将更困难。除了产、学、研、用多个层面的联合互动之外，还需要实现“制造系统的横向、纵向集成”和“工程端到端的集成”。横向集成主要解决企业和企业之间复杂系统管理，实现信息无缝的交流，也就是网络协同制造的企业间通过价值链，以及信息网络所实现的一种资源信息共享与资源整合，确保了各企业间的无缝合作；纵向集成主要解决企业内部的复杂系统管理，从企业的研发、设计、制造、验证、物流、交互，所有的信息无缝隙的、高效的、顺畅的传递；端对端集成主要解决贯穿整个价值链的工程化信息系统集成的复杂系统管理，以保障大规模个性化定制的实施。

（3）通信基础设施建设：主要是指适用于工业的、具有高可靠性的通信基础设施建设。

一方面，德国“工业 4.0”的本质就是基于信息物理系统（CPS）实现“智能工厂”，让制造业的各个环节充分地与互联网融合，形成工业互联网。而实现工业互联网就需要适用于工业的、具有高可靠性的通信基础设施建设作为基本保障。

另一方面，随着工业互联网的形成，也必然会出现工业大数据。比如说，设计、仿真、工艺、加工、产品结构、配置关系、变更记录等产品数据，设备、质量、生产、采购、库存、电子商务等运营数据，客户、供应商、合作伙伴、客户满意度等价值链数据，等等。工业大数据的采集、传输、交互和共享，必然要求建立容量、带宽、存储与数据处理能力更强大的基础实施。

而当前的网络基础设施恐怕难以满足“工业 4.0”时代的要求。因此，构建容量更大、服务质量更可靠的工业通信基础设施将成为未来制造业中迫切需要解决的一项课题。

（4）网络安全保障：工厂与外界实现联网之后，恶意软件的入侵、受到网络攻击的危险性将进一步提升，需要制订保障网络安全的对策与解决方案。

自从进入 21 世纪之后，已经出现了许多对工业基础设施进行网络攻击的案例。比如，澳大利亚下水道监控系统和美国核电站监控系统曾被第三方经由无线网络系统侵入，波兰地铁信号系统被入侵等。而近年来，这样的攻击案例正在迅速增加。2012 年 8 月，沙特阿拉伯国营石油公司 Aramco 受到了网络攻击。据纽约时报报道，攻击者的目标为制油/制气工程，通过使工程中止，让石油/天然气的生产发生异常。这个攻击中使用了“Shamoon”计算机病毒，所幸没有造成生产异常，但是却影响了该公司 3 万多台计算机的正常运行，Aramco 公司的内部网络访问为此中断了一周。在日本，对制造业的网络攻击案例也在增多。据称，某个日本企业每 5 分钟就遭受一次网络攻击，而且，攻击的来源都不相同。

随着“工业 4.0”时代的到来，人力、物料、生产设备、各种生产管理系统，以及价值链上的众多协同企业都将互联，随之而来的是网络安全问题的隐忧，也就迫切需要建立一套完善的工业互联网信息安全认证体系。安全认证体系建设是信息安全保障的基础性工作，但在认证制度的设计和标准规范的研究与设计方面，还需要大量的经验和积累。初期，我国可以与国际认证机构合作，开展联合认证服务，但要逐步建立自己的安全认证机制。这不仅是与国际通行做法接轨，也有利于信息安全领域的国际交流与合作，在切实提高我国信息安全水平的同时，帮助和促进工业企业提升信息安全技术水平，引导产业健康发展。

◆ 路线图 3：把两化深度融合作为主要着力点

工业和信息化部自成立以来，一直致力于推进工业与信息化的两化融合工作，通过信息化的融合与渗透，对传统制造业产生革命性影响。具体体现在，降低制造业成本、提升制造业管理水平、提高制造业生产效率、促进制造业生产模式的创新、加快制造业服务化的转变、增强制造业创新能力、加速制造业实现节能减排、推动制造业的全球化、催生制造业新的业态等诸多方面。

“工业 4.0”本质上是信息技术引发的，与我国的“两化融合”异曲同工。在未来制造业中，我们应该将两化深度融合作为主要着力点，进一步加大推进制造业信息化的力度。

首先，积极研究部署信息物理系统（CPS）平台，实现“智能工厂”的“智能制造”。智能制造已成为全球制造业发展的新趋势，智能设备和生产手段在未来必将广泛替代传统的生产方式。而信息物理系统（CPS）将改变人类与物理世界的交互方式，能够使得未来制造业中的物质生产力与能源、材料和信息三种资源高度融合，对实现“智能工厂”和“智能制造”提供有效的保障。美国、德国等世界工业强国都高度重视信息物理系统的构建，加强战略性、前瞻性的部署，并已经在研究方面取得了积极的进展。而我国目前的制造业发展仍然以简单地扩大再生产为主要途径，迫切需要通过智能生产、智能设备和“工业 4.0”理念来改造和提升传统制造业。

其次，推动制造业向智能化发展转型的同时，同步推动制造业的模式和业态的革新思维。主要体现在，从大规模批量生产变为大规模定制生产的革新、从生产型制造变为服务型制造的革新、从集团式全能型生产变为网络式协同制造的革新、从两化融合变为工业互联网的革新。

◆ 路线图 4：基于网络协同有序推进制造业开放

在传统的全球产业分工中，我国处于全球制造业产业链低端。长期以来，在发达工业国家主导的国际格局下，我国一直处在微笑曲线的底部——全球价值链的加工制造环节，形成低端生产制造为主与核心技术欠缺的被动局面。具体表现为：技术含量低、附加值低、市场准入门槛低，且竞争无序。促进制造业转型升级已经刻不容缓。

上海自贸区从 2013 年成立以来，一方面，围绕制造业转型升级目标和需求，调整优化制成品进出口结构，加大先进技术设备和紧缺原材料进口；另一方面，在制造业领域探索对外商投资实行准入前国民待遇加负面清单的管理模式，推动重点领域扩大对内、对外开放，进一步放开一般制造业。

在 2014 年 7 月 1 日，上海市政府举行了上海自贸区 2014 版负面清单情况说明会，介绍了上海自贸试验区进一步扩大开放相关措施。据报道，在去年服务业扩大开放 23 项措施的基础上，自贸试验区进一步提出扩大开放的 31 条措施。在这 31 条进一步扩大开放措施中，制造业领域就有 14 条，成为自贸区开放的重头戏。

与以往依靠劳动力优势为主的境外制造业企业引进策略不同的是，本次上海自贸区的制造业开放政策中，在制造环节上，更注重于产品的研发、设计；在制造分类上，更侧重通用设备制造业、电气机械和器材制造业等。本次上海自贸区的制造业开放举措开创了先河，也为未来制造业带来更大的开放思维。

“工业 4.0”不仅仅意味着制造技术的创新、生产过程的转变，同时也代表着制造业企业整个管理运营和组织结构的调整。在未来制造业中，任何一个企业单打独斗都不在适合未来制造业，这就需要价值链中的众多企业进行协作，各个企业、学科、行业进行合作。通过网络协同下的大量合作，厂商和顾客彼此相互了解，进一步挖掘出新的产品和新的价值，渐渐影响制造业迈向“工业 4.0”。

“借势借力、整合资源”，是制造业朝向网络协同制造发展的趋势。企业的发展已经不再局限于本身独立的经营运作，一个产品也不再是一个企业单独完成的。网络协同使得制造业企业可以充分利用全球各地的研发机构、生产制造基地和市场营销网络，开展资源和价值链整合，增强国际化经营能力。通过网络协同，价值链中的每一个企业与其他企业形成相互的依存、合作和竞争的关系。企业的发展也不仅仅局限于其本身的发展，而与相关的上下游产业及企业都存在着密切的关联。企业的制造管理已经不仅仅局限于小小的制造车间，而是和相关的上下游的其他的企业的生产过程相关。从研发与设计，到人力、物力、原材料与资本的配置，从生产制造，到市场营销与后续增值服务，消费者、供应商、制造企业、分销商被聚拢到一个价值链上，形成网络协同的同时，也形成了多方的“共赢”。

网络协同是国际化与网络化大背景的产物。在网络协同的大趋势下，迫切需要在一般制造业开发的基础上，构建制造业开放发展的新机制。经济全球化不可逆转，我国制造业应该重新审视全球产业分工，并基于网络协同有序推进制造业开放。

第五篇　对未来制造业的探讨

第十九章　工业软件充斥整个制造业

第二十章　大数据驱动制造业迈向智能化

第二十一章　网络信息安全同样影响工厂

第二十二章　制造业将成为信息产业的一部分

从全球来看，制造业比重继续增长。制造业产值约占全球 GDP（国内生产总值）的 16%，以及 14%的就业机会。新一轮工业革命已经向我们袭来，随着“工业 4.0”和“工业互联网”的到来，制造业正在发生变化。无论是制造业的参与者角色，制造的理念、模式，还是驱动力，都在出现颠覆与重构。为了应对全球制造业面临的资源、环境、人口等方面的挑战，一些创新的制造理念和制造模式将不断涌现，比如智能制造、智能工厂、网络协同、以人为中心的个性化定制等。未来制造业的最终目标，是以极高的质量、效率和合理的成本，以及对环境最小的代价，生产出智能产品。

对未来制造业，发达工业国家都提出了各自的愿景。美国利用互联网优势，让互联网吞并制造业；德国基于制造业根基，让制造业互联网化。制造业的未来之道，正在快速而悄然地开启。那么，未来的制造业究竟会何去何从？

第十九章　工业软件充斥整个制造业

工业软件，是指专门为工业领域所使用的软件，大致可以分为两类。

一类是植入到硬件产品或生产设备之中的嵌入式软件，它可以细分为操作系统、嵌入式数据库和开发工具、应用软件等，他们被植入硬件产品或生产设备的嵌入式系统之中，达到自动化、智能化的控制、监测、管理各种设备和系统运行的目的。

另一类则是对生产制造进行业务管理的、各种工业领域专用的工程软件。例如：产品生命周期管理系统（PLM），从产品研发、产品设计、产品生产、流通等各个环节对产品全生命周期进行管理；各种计算机辅助设计（CAD）、辅助制造（CAM）、辅助分析（CAE）、辅助工艺（CAPP）、产品数据管理（PDM）等实现生产和管理过程的智能化、网络化管理和控制等工程软件。

工业领域在新型工业化过程中，工业软件将传统意义下的机械化、电气化、自动化等硬件制造转化为具备数字化、智能化、网络化的“软性制造”。在未来制造业中，工业软件将扮演着愈发重要的角色（图 19-1）。

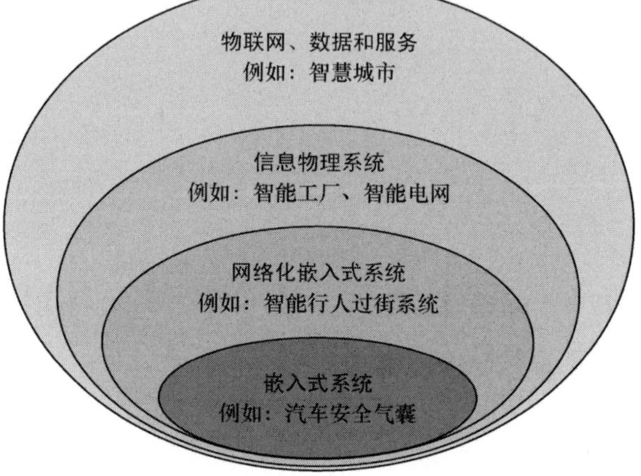

图 19-1　制造业中从嵌入式系统应用到范围更广的信息技术应用

德国“工业 4.0”战略将工业软件提升到了前所未有的高度。“工业 4.0”中囊括了 CRM（客户关系管理）、PDM（生产数据管理）、SCM（产业链管理）、PLM（产品生命周期管理）、CAD（计算机辅助设计）等软件系统以及数据处理系统，从而将分散的各种信息汇总分析，为未来制造工艺带来决定性的影响。

在整个“工业 4.0”中，软件将是非常重要的。硬件仅代表一个制造工艺的流程接口，它将会通过软件，特别是通过不断地去适应软件来逐步完善生产流程，判断并执行复杂的任务。正因为如此，软件将会在“工业 4.0”中起到至关重要的作用（图 19-2）。

“工业 4.0”从 4 个维度优化生产工程。通过将各种工业软件充斥到制造流程之中，来解决产品生命周期的不断缩短、物流交货周期的不断加快以及客户定制要求的多样化的问题。即：订单管理、产品研发、技术研发、生产设备研发，希望提升“物理世界”中的工厂/车间的生产效率。

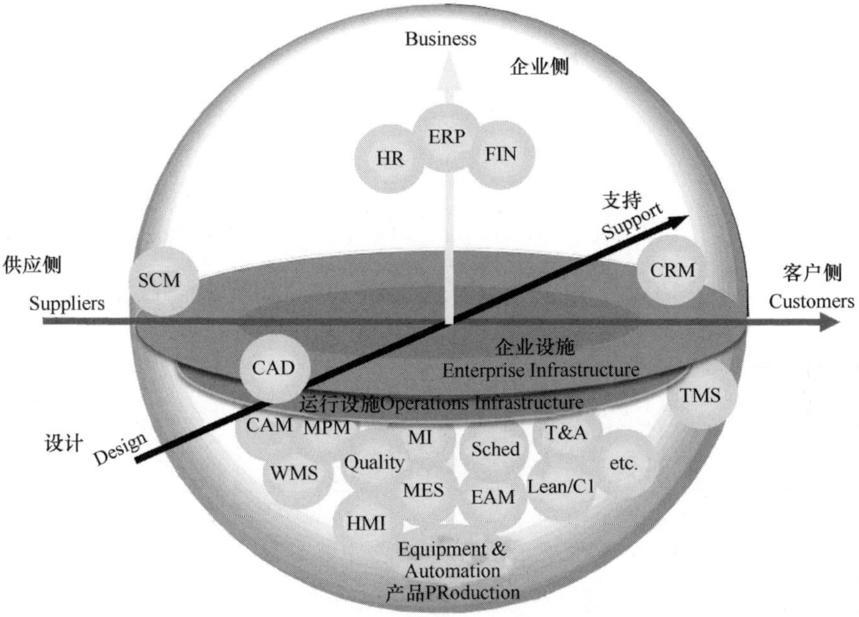

图 19-2 软件将会在“工业 4.0”中起到至关重要的作用

资料来源：美国 ARC 顾问集团（作者改译）

如果从任意一个纬度来看“工业 4.0”，都有可能是完全不同的结果。但是，无论从哪个纬度，信息处理的关键点“信息”与物理现象的关键点“网络”之间的连接处都是“工厂/车间”。因此，“信息物理系统”作为实体的操作设备，其作用对于任何纬度的定位都是对等的，其接续性是特定的前提。

在这种模式中，传统的行业界限将消失，并会产生各种新的活动领域和合作业态。创造新价值的过程也因软件系统而发生改变，产业链分工将被重组。这个新型的产业链将使制造业不再仅仅是硬件制造的概念，而是融合入信息技术、自动化技术、现代管理技术的新服务模式。

第二十章　大数据驱动制造业迈向智能化

（一）人类正处于一个数据爆炸的时代

近年来，随着互联网、物联网、云计算等信息技术与通信技术的迅猛发展，数据量的暴涨成了许多行业共同面对的严峻挑战和宝贵机遇。“人类正从 IT 时代走向 DT 时代”，阿里巴巴集团创始人马云在各种场合都不遗余力地推销自己的观点，信息社会已经进入了大数据（Big Data）时代。大数据的涌现改变着人们的生活与工作方式、企业的运作模式。马云认为，IT 时代是以自我控制、自我管理为主，而 DT（Data Technology）时代，它是以服务大众、激发生产力为主的技术。这两者之间看起来似乎是一种技术的差异，但实际上是思想观念层面的差异。

大数据是指涉及的数据量规模巨大到无法通过目前主流计算机软件工具，在合理时间内完全实现采集、管理、处理、分析。主要有互联网上每天诞生的大量数据，随社交网络的普及产生的大量数据，电子商务的交易行为产生的大量数据，还有移动互联网收集到的用户位置、生活信息等数据，以及智能手机、平板电脑和遍布地球各个角落的各种各样的物联网传感器时时刻刻所产生的数据……

从数据属性来看，大数据由数量巨大、结构复杂、类型众多的数据构成的数据集合。大数据的特征通常用 4V 来表现（图 20-1）。

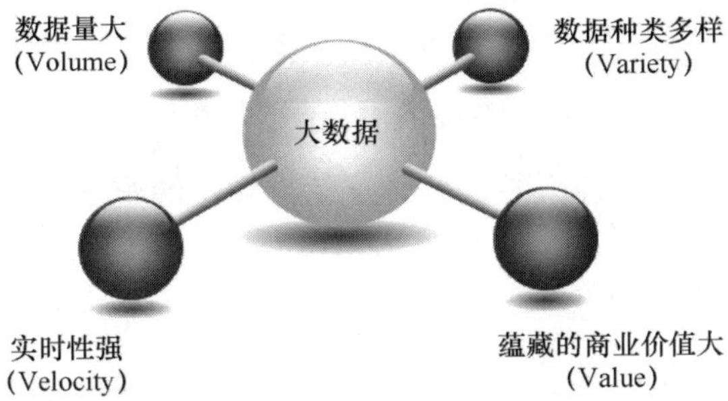

图 20-1　大数据的 4V 特征

（1）Volume：数据体量巨大。大数据的规模目前仍是一个不断变化的指标，单一数据集的规模范围有可能从几十 TB 到数 PB 不等（存储 1PB 数据将需要两万台配备 50GB 硬盘的个人电脑）。而且除个人、企业之外，各种意想不到的来源都能产生数据。据美国市场研究公司 IDC 预测称，到 2020 年，全球数据量将扩大 50 倍。

（2）Variety：数据类型繁多。除了社交网络、互联网搜索之外，部分传感器安装在道路、桥梁、汽车和飞机上，每个传感器都增加了数据的多样性。类型的多样性也让数据被分为结构化数据和非结构化数据。相对于以往便于存储的以文本为主的结构化数据，非结构化数据越来越多，包括图片、音频、视频、地理位置信息等，这些多类型的数据对数据的处理能力提出了更高要求。

（3）Value：商业价值大，但价值密度越来越低。价值密度的高低与数据总量的大小成反比，也就是挖掘一条有价值的信息时，往往需要从规模越来越大的海量数据中去查找。以电子商务中的消费者购物为例，以往可能从 10 万个商品浏览数据中，来分析、判断消费者购买行为，而如今则可能需要从数千万甚至更多的商品浏览数据中，去挖掘有价值的信息。如何通过强大的深度复杂分析（机器学习、人工智能等），更迅速地完成数据的价值“挖掘”，实现对未来趋势与模式的可预测分析，成为目前大数据背景下亟待解决的难题。

（4）Velocity：处理速度快。这是大数据区分于传统数据挖掘最显著的特征。在海量的数据面前，处理数据的效率就是企业的生命。企业不仅需要了解如何快速创建数据，还必须知道如何快速处理、分析并返回给用户，以满足他们的实时需求。

随着制造技术的进步和现代化管理理念的普及，制造业企业的运营，越来越依赖信息技术。以至于制造业的整个价值链、产品的整个生命周期都涉及诸多的数据，制造业企业的数据也呈现出爆炸性增长的趋势。

制造业企业需要管理的数据种类繁多，涉及大量结构化数据和非结构化数据（图 20-2）：

（1）产品数据：设计、建模、工艺、加工、测试、维护数据、产品结构、零部件配置关系、变更记录等。

（2）运营数据：组织结构、业务管理、生产设备、市场营销、质量控制、生产、采购、库存、目标计划、电子商务等。

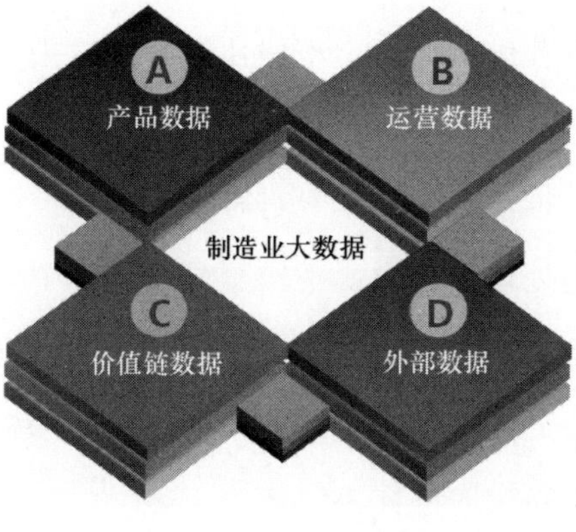

图 20-2　制造业大数据

（3）价值链数据：客户、供应商、合作伙伴等。

（4）外部数据：经济运行数据、行业数据、市场数据、竞争对手数据等。

随着大规模定制和网络协同的发展，制造业企业还需要实时从网上接受众多消费者的个性化定制数据，并通过网络协同配置各方资源，组织生产，管理更多的各类有关数据。

（二）大数据是工业互联网的命脉

大数据可能带来的巨大价值正在被传统产业所认可，它通过技术的创新与发展，以及数据的全面感知、收集、分析、共享，为企业的管理者和参与者呈现一个全新的制造业价值链的组合方式。

（1）实现智能生产

在“工业 4.0”中，通过信息物理系统（CPS）实现工厂/车间的设备传感和控制层的数据与企业信息系统融合，使得生产大数据传到云计算数据中心进行存储、分析，形成决策并反过来指导生产。具体而言，生产线、生产设备都将配备传感器抓取数据，然后经过无线通信连接互联网传输数据，对生产本身进行实时的监控。而生产所产生的数据同样经过快速处理、传递，反馈至生产过程中，将工厂升级成为可以被管理和被自适应调整的智能网络，使得工业控制和管理最优化，对有限资源进行最大限度的使用，从而降低工业和资源的配置成本，使得生产过程能够高效地进行。

例如在过去，在设备运行的过程中，自然磨损本身会使产品的品质发生一定的变化。通过信息技术、物联网技术的发展，结合传感器技术，实时感知数据，知道设备出了什么故障，哪里需要配件，使得生产过程中的这些因素能够被精确控制，从而真正实现生产的智能化。在一定程度上，工厂/车间的传感器所产生的大数据直接决定了“工业4.0”所要求的智能化设备的智能水平。

此外，从生产能耗角度来看，设备生产过程中利用传感器集中监控所有的生产流程，能够发现能耗的异常或峰值情况，由此能够在生产过程中实时优化能源的消耗。同时，对所有流程的大数据进行分析，也将会在整体上大幅降低生产能耗。

（2）实现大规模定制

大数据是制造业智能化的基础，其在制造业大规模定制中的应用包括数据采集、数据管理、订单管理、智能化制造、定制平台等，其核心是定制平台。定制数据达到一定的数量级，就可以实现大数据应用，通过对大数据的挖掘，实现流行预测、精准匹配、时尚管理、社交应用、营销推送等更多的应用（图 20-3）。同时，大数据实现定制服务，能够帮助制造业企业提升营销的针对性，降低物流和库存的成本，减少生产资源投入的风险。

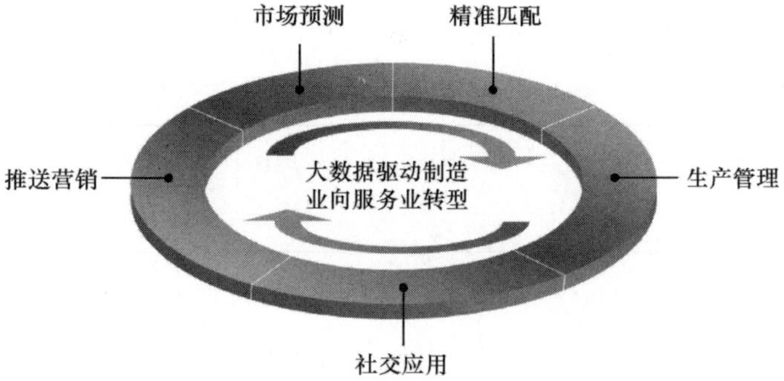

图 20-3　大数据驱动制造业向服务业转型

利用这些大数据进行分析，将带来仓储、配送、销售效率的大幅提升和成本的大幅下降。这将会极大地减少库存，优化供应链。同时，利用销售数据、产品的传感器数据和供应商数据库的数据等大数据，制造业企业可以准确地预测全球不同市场区域的商品需求。由于可以跟踪库存和销售价格，因此制造业企业能够快速制订生产计划，提高资源的使用效率。

“工业 4.0”本质是基于信息物理系统（CPS）实现“智能工厂”，使智能设备根据处理后的信息，进行判断、分析、自我调整、自动驱动生产加工，直至最后的产品完成等步骤。可以说，智能工厂已经为最终的制造业大规模定制生产做好了准备。

实现消费者个性化需求，一方面需要制造业企业能够生产提供符合消费者个性偏好的产品或服务，另一方面需要互联网提供消费者的个性化定制需求。由于消费者人数众多，每个人的需求不同，导致需求的具体信息也不同，加上需求的不断变化，就构成了产品需求的大数据。消费者与制造业企业之间的交互和交易行为也将产生大量数据，挖掘和分析这些消费者动态数据，能够帮助消费者参与到产品的需求分析和产品设计等创新活动中，为产品创新做出贡献。制造业企业对这些数据进行处理，进而传递给智能设备，进行数据挖掘、设备调整、原材料准备等步骤，才能生产出符合个性化需求的定制产品。

（三）大数据构成新一代智能工厂

消费需求的个性化要求传统制造业突破现有的生产方式与制造模式，根据消费者需求所产生的海量数据与信息，进行大数据处理与挖掘。同时，在进行这些非标准化产品生产过程中，产生大量的生产信息与数据，也需要及时收集、处理和分析，并用来指导生产。

这两方面大数据信息流最终通过互联网在智能设备之间传递，由智能设备进行分析、判断、决策、调整、控制并继续开展智能生产，生产出高品质的个性化产品。可以说，大数据构成新一代智能工厂。

智能工厂中的大数据是“信息”与“物理”世界彼此交互与融合所产生的大数据。大数据应用将带来制造业企业创新和变革的新时代。在以往传统的制造业生产管理的信息数据基础上，通过物联网等带来的物理数据感知，形成“工业 4.0”时代的生产数据的私有云，创新了制造业企业的研发、生产、运营、营销和管理方式。这些创新给制造业企业带来了更快的速度、更高的效率和敏锐的洞察力（图 20-4）。

2014 年 4 月 24 日，百度在“百度技术开放日”上宣布开放“大数据引擎”，主要包含三层开放平台，分别是：开放云、数据工厂、百度大脑。

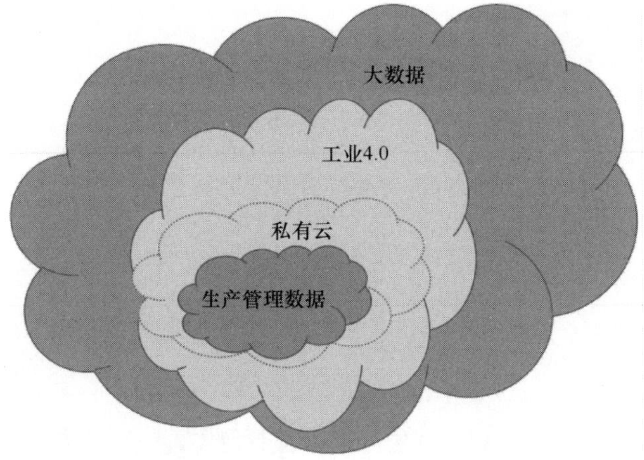

图 20-4　工业 4.0 与大数据

开放云，是指百度的大规模分布式计算和超大规模存储云，目的是解决数据存储和计算瓶颈；数据工厂，是指百度将海量数据组织起来的数据仓库和数据挖掘能力，通过“大数据分析”将海量数据关联起来，继而从中挖掘大数据的价值；百度大脑，是指具备大数据存储和挖掘能力的基础之后，拓展应用这些数据的人工智能算法。

据说百度大脑建立在百度深度学习基础之上，目前已经可以模拟两三岁婴儿的智力水平。毫无疑问，百度拥有中国互联网最庞大的用户行为数据，通过人工智能的机器学习技术和大数据预测模型，进行分析与挖掘，能将大数据应用发挥到极致水平。而随着“大数据引擎”的开放，大数据资源和能力对各行业进行全面输出之后，会有越来越多应用涌现出来，百度大脑也会渐渐成熟起来。那么，就制造业而言，百度的“大数据引擎”开放或将助力新一代智能工厂的形成。换个角度来看，百度也是新一轮工业革命的推动者。

第二十一章 网络信息安全同样影响工厂

随着计算机和网络技术的发展，信息化与工业化的深度融合，工业控制系统越来越多地采用通用协议、通用硬件和通用软件。互联制造又将生产管理系统、嵌入式技术、工业控制网络等互联，虽然拓展了工业控制的发展空间，但是也同时带来了工业控制系统的信息安全问题。

对控制系统进行网络攻击的最著名案例是，2010 年 9 月伊朗纳坦兹的铀燃料浓缩施设被称为“Stuxnet”的超级工厂的病毒进行了网络攻击。Stuxnet 是一个强大的、旨在攻击西门子制造的工业控制系统的计算机病毒。该病毒会传播到插入电脑 USB 接口的设备中，并从中窃取数据机密。这是黑客首次尝试入侵大型工业控制系统的电脑病毒攻击（图 21-1）。

据专家分析，该攻击中，Stuxnet 利用了德国西门子开发的 Step 7 控制系统软件中的漏洞，进行干扰控制浓缩铀的离心分离机的运行速度以及状态，妨碍铀浓缩过程。事件破坏了伊朗核设施，震惊了全球。

美国 Symantec 公司认为，由于局域网和工厂内的控制系统是独立的，所以该病毒应该是以 U 盘为介质来传播的，并推测是由 5～10 人团队用半年时间开发了 Stuxnet 病毒。

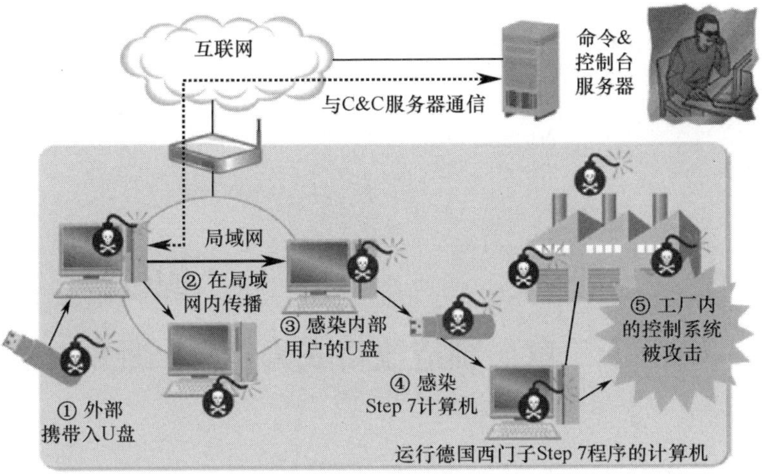

图 21-1　Stuxnet 病毒传播路径

资料来源：日经新闻（作者改译）

“工业 4.0”的普及同时意味着产业将面临网络攻击的脆弱性问题。以往，一些国家，一些黑客攻击的主要对象是金融机构、政府机构等，对工业领域的影响并不是很大。

但是，随着“工业 4.0”的普及，工业对网络的依赖程度加大，工业互联网即将形成。那时，也意味着通过网络攻击，制造业受到巨大影响的危险性也将随之提升。德国政府在推进“工业 4.0”的同时，同步强化网络攻击危险性的宣传活动，从政府角度干涉网络安全预警和防卫体制建设。

在未来，通过互联网遥控生产制造过程，以及高度自动化都可能引发各种负面的问题，如误操作、恶意破坏、未经授权的访问等。当生产过程与互联网相结合后，这些方面都可能引发较大的问题。可以说，网络信息安全同样影响工厂。

第二十二章　制造业将成为信息产业的一部分

互联网思维扩展到制造业的生产领域，催生了网络协同设计、个性化定制生产等制造业新模式，将促进制造业企业与消费者实时互动，使得生产出来的产品不再大量趋同，而是更具个性化。工业软件、大数据等的广泛应用，还不断地推动制造业企业的生产，从传统的产品制造转向提供具有扩展性的产品和丰富的服务，直至为顾客提供整体的解决方案。

这样，软件企业、互联网企业与制造业企业之间的边界日益模糊。

（一）制造业产品将被视为电子产品或者网络产品

越来越多的事实表明，信息技术特别是互联网技术的发展和应用正以前所未有的广度和深度，加快推进制造业生产方式、制造模式的深刻变革。随之而来的是，产品本身属性的变化。

2010 年 6 月日本政府推出了《新一代汽车战略 2010》，该战略将汽车定位为“信息通信的一个终端”。此前，欧美将汽车定位为“蓄电池”。

当前的汽车或许不再是一个“机械”，而是一个由传感器、天线、接收器、显示仪等众多的电子零部件组成的“电子产品”（图 22-1）。

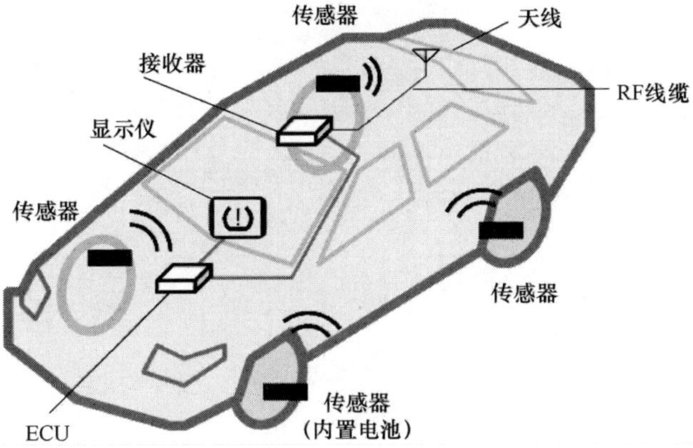

图 22-1　汽车是一个电子产品

资料来源：日本信息处理振兴业务协会（IPA）（作者改译）

随着互联网，尤其是移动互联网的发展，汽车开始与更多的外围设备、外围系统互动，传递信息、共享信息。通过与智能交通系统（ITS）联网，可以实时获取交通信息、道路以及加油站信息等；通过接收卫星导航，实现丰富的定位信息服务；通过智能手机、平板电脑等外围设备实现更加具有扩展性的应用。汽车已经从一个“电子产品”进一步变身为一个“网络产品”（图 22-2）。

在 2014 年 9 月，百度宣称将与宝马公司共同开发无人驾驶汽车，百度开发高精度三维地图及相关数据服务，并建立智能交通系统控制系统；宝马汽车将联入百度的智能交通网，实现汽车的自动驾驶。

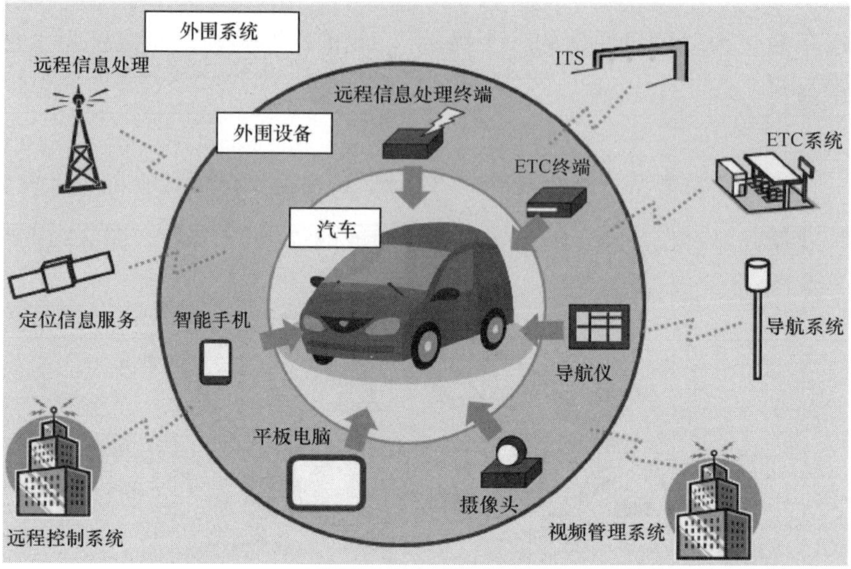

图 22-2　汽车是一个网络产品

资料来源：日本信息处理振兴业务协会（IPA）（作者改译）

便携式播放器以产品本身的性能决定市场受欢迎程度。例如：音质、可连续播放时间、是否具备录音和广播功能等。传统播放器即便是在音质、可连续播放时间上优于 iPod，但也远远无法与 iPod 竞争，因为 iPod 可以从网上获取更多的内容和服务，从音乐播放器演变成了游戏机、视频播放器等新的概念商品。未来的汽车能否与网络互联，可能成为汽车市场竞争中的决定性因素（图 22-3）。

可以说，信息技术在国民经济和社会发展中发挥着越来越重要的作用。传统的通信系统、飞机控制系统、汽车电子、家电、武器装备、电子玩具等以嵌入式系统为代表的物理产品在社会生活的各个领域广泛存在。而它们随着计算机、网络和控制技术的发展，以及未来制造业需求的提高，都不断地从物理产品演变成为“电子产品”，或者“网络产品”。

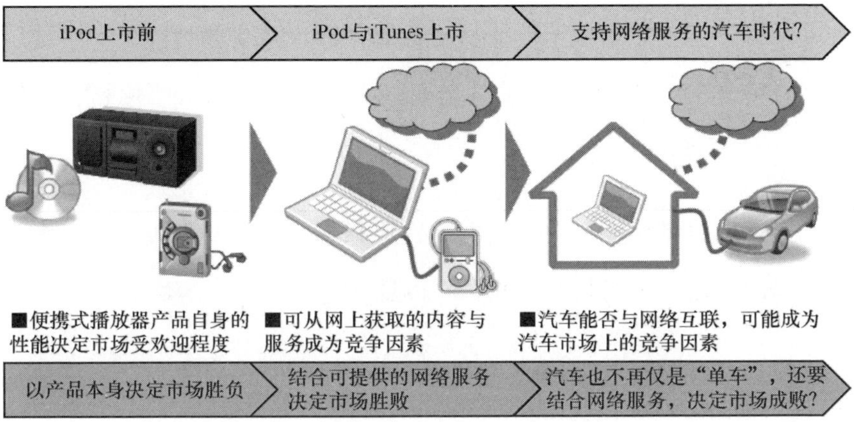

图 22-3　汽车能否联网将成为未来汽车市场竞争中的决定性因素

资料来源：《日本新一代汽车战略 2010》（作者改译）

同时，信息技术渗透到了制造业企业的产业链各个环节。条形码、二维码、传感器、自动控制系统、ERP、CAD、CRM、SCM、PLM 等计算机软件技术在制造业企业中得到广泛应用；移动互联网、物联网等新一代信息技术在工业领域的应用，使得传统制造业企业融入了工业互联网企业行列；制造业企业所拥有的大数据也日益丰富，由智能设备所产生、采集和处理的数据量远大于计算机和人工产生的数据，而大数据正是新一代信息技术的代表性概念之一。

当然，德国率先提出“工业 4.0”概念，与其是制造大国不无关系。德国作为制造大国一直希望保持在全球制造业中的领军地位。所以“工业 4.0”被很多人理解为德国传统制造业的复苏。但是，让我们感到“工业 4.0”不仅仅是制造业的复苏，还代表着信息产业的再度兴起。

“工业 4.0”有一个关键点就是工厂内采购来的原材料被赋予“这是给某某客户生产的某某产品的某某工艺中的原材料”信息。其实，准确来说，并不是“赋予”原材料信息，而应该说是智能工厂中使用了含有信息的“原材料”。也就是在“工业 4.0”时代，“原材料（物质）”=“信息”。

当智能设备都知道自己需要什么原材料时，原材料本身对于智能设备来说不过就是“数据”或者“信息”。

（二）制造业也将成为信息产业的一部分

制造业的未来充满变数。Google 希望凭借网络技术优势，整合软硬件技术、机器人技术和人工智能技术，实现信息技术与物理世界的充分融合，进而将互联网业务拓展到人们生活的各个领域。Google 收购了仿真机器人、工业机器人、特种机器人和开发机器人必要的技术和系统；Google X 团队也正全力开发无人驾驶汽车等产品。未来的 Google 将通过互联网与物理世界的融合，拓展到交通运输、物流、制造业等人类生产和生活的多个领域。

毫无疑问，信息技术在制造业的深度应用推动了制造业向智能化的转变。而 Google 将信息技术、机器人技术和人工智能技术充分融合，则将进一步加快制造业智能化的进程。

Google 的举措，同时也预示着，信息技术企业、互联网企业或将主导信息技术与制造业的融合。信息技术企业、互联网企业本身掌握着最先进的信息网络技术，涉足传统制造业企业之后，可以很容易地对其进行智能化改造，并使之成为自己先进信息技术产业的一部分。受 Google 影响，未来或将在制造业领域掀起一股并购潮。这股潮流将由拥有人工智能技术、智能控制系统的信息技术企业或互联网企业来主导，制造业也将加快向信息产业的融合（图 22-4）。

图 22-4　制造业将加快向信息产业融合

互联网与工业融合推动了新模式、新业态不断涌现，将催生出多技术、多业态融合的生产与服务系统。德国“工业 4.0”战略是为了保持德国制造业在全球领军地位的工业发展的战略。希望通过“工业 4.0”将信息技术、互联网技术有机地应用于生产制造中，改变生产制造的基本模式，按照灵活性、快速响应、成本效率性及生产短期性建立一个高度灵活的个性化的、大规模定制产品与服务的生产模式。

在这种模式中，传统制造业的行业界限将渐渐消失，并会诞生各种新的互动领域和合作形式，产业链分工将被重组，创造新价值的过程正在发生改变。一方面，工业软件和大数据充斥整个制造业，利用工业软件、大数据技术除了实现软性生产之外，还能加强生产的管理和服务，提高生产过程的可控性，实时正确地采集生产线数据，合理的编排生产计划与生产进度。另一方面，通过网络协同，产生了一个新型、生产制造控制服务、全周期管理的产业链，使制造本身融入到互联网之中。

我们通常把工业化时代称作原子的时代，把信息化时代称作比特的时代。工业革命以动力能源，改变了世界的原子结构，信息革命则以计算机和互联网技术，改变世界的比特结构，并重构出一个崭新的信息空间。原子代表物质，比特代表信息。比特时代，我们可以看到媒体行业的书籍，正在从"原子（纸质）"向"比特（电子书）"过渡。但是，比特时代并非淘汰原子，而是将原子作为信息（比特）来处理。例如，从供应商那里采购来原材料之后，添加上工艺流程信息，配送至生产制造车间，到产品出厂时打上标签，在售后服务时实现追踪溯源。这个过程将整个生产制造的全价值链环节进行信息化的汇总管理，其制造过程本身就是一直在处理信息。所以说，"工业 4.0"时代将消除"信息"与"原材料"的本身差别。

"从原子到比特的变革是不可改变且无法阻止的。"麻省理工学院媒体实验室（MIT Media Lab）的尼古拉斯·尼葛洛庞帝（Nicholas Negroponte）曾将世界一分为二：比特世界和原子世界，数字化的过程实际就是原子比特化的过程（图 22-5）。比特和原子的概念和特征，说明它们在信息学和物理学中的作用。

当然，也有专家认为"工业 4.0"能够优化生产环节，减少原材料用量；能够优化产业链，减少环境负荷；能够降低工厂成本，实现高投资效率……但是，"工业 4.0"最大的变化是"原材料" = "信息"，制造业与信息产业二者将同义化。因此，从这一角度来看，制造业终将是信息产业的一部分。

图 22-5　比特世界和原子世界

未来，物质产品和服务必将被电脑存储和处理的信息所取代。制造业本身将不复存在，抑或制造业继自动化、智能化之后不可能再有突破。

种种迹象显示，“工业 4.0”将是最后一次工业革命。